3v.

IMPRIMERIE DE FIRMIN DIDOT,
RUE JACOB, N° 24.

Battaglini / Lith. de Villain

LE CHÂTEAU DE PIGNEROLLES

HISTOIRE

DE LA DÉTENTION

DES PHILOSOPHES

ET DES GENS DE LETTRES

A LA BASTILLE ET A VINCENNES,

PRÉCÉDÉE DE CELLE

DE FOUCQUET, DE PELLISSON

ET DE LAUZUN,

AVEC TOUS LES DOCUMENTS AUTHENTIQUES ET INÉDITS.

PAR J. DELORT.

Adversa virtutem ornant.

Tome Premier.

PARIS.

FIRMIN DIDOT PÈRE ET FILS, LIBRAIRES,

RUE JACOB, N° 24.

1829.

AVERTISSEMENT.

On a déjà beaucoup écrit sur la malheureuse affaire du *Surintendant Foucquet* (1); mais nous pensons qu'on ne lira pas sans intérêt, dans cet ouvrage, quelques détails inconnus jusqu'à présent, et surtout une correspondance inédite, qui jette un nouveau jour sur plusieurs points qui n'ont pas été encore éclaircis.

Les historiens ne nous ont rien transmis de relatif à la longue captivité de Foucquet; tout est resté enseveli dans la plus profonde obscurité. C'est pour remplir ce vide, que nous publions l'histoire complète de sa déten-

---

(1) Si nous nous écartons ici de la manière dont les biographes écrivent ce nom, c'est que nous avons cru devoir adopter l'orthographe de Foucquet lui-même, et nous en agirons ainsi pour tous les autres personnages dont il sera parlé dans cet ouvrage.

tion, depuis son arrivée à Pignerol jusqu'à sa mort.

Sans doute, on verra qu'il nous eût été facile de donner plus d'étendue à notre précis historique; mais, outre que nous avons cru devoir user très-discrètement des lettres de Louis XIV, de celles de ses ministres et de Pellisson, pour ne pas déflorer la correspondance que nous mettons sous les yeux du public, nous avons pensé aussi que nous devions adopter cette marche, afin d'échapper aux fréquentes répétitions qui sont presque inévitables dans un ouvrage accompagné de tous les documents authentiques (1).

---

(1) Au moment où je livre cette histoire à l'impression, j'apprends que M. *Modeste Paroletti* a publié à Turin, en 1812, une brochure *sur la mort du surintendant Foucquet*, que M. Beuchot a bien voulu me communiquer. Je me suis convaincu que M. *Paroletti* n'avait découvert aucune des pièces authentiques et inédites que je mets sous les yeux du lecteur, et je crois pouvoir affirmer que mon ouvrage n'a aucun point de ressemblance avec celui de mon devancier.

HISTOIRE

DE LA

DÉTENTION DE FOUCQUET,

DE PELLISSON ET DE LAUZUN.

Paul Pellisson-Fontanier, le cadet des garçons qu'eut sa mère restée veuve, quoique jeune encore, naquit calviniste à Béziers, en 1624, d'une famille célèbre dans la robe et originaire de Castres. Son père, *Jean-Jacques* Pellisson, fut conseiller au Parlement de Toulouse; et *Raimond* Pellisson, son bisaïeul, après avoir été ambassadeur en Portugal et commandant pour le Roi en Savoie, lorsque François Ier s'en rendit maître, devint premier président au Parlement de Chambéry. *Paul*, dont nous parlons ici, fit ses humanités et sa rhétorique à Castres sous le savant Écossais Morus (1), et sa philosophie à

---

(1) Ce *ministre de Charenton* lui donna une marque de son estime et de son affection, lorsqu'en mourant il lui

Montauban, d'où il passa à Toulouse pour y faire son droit. Il se distingua d'une manière si éclatante dans cette université, qu'il fut reçu avocat avec les plus grands applaudissements.

Nourri des auteurs grecs et latins, et du petit nombre d'ouvrages dont s'honorait déjà la littérature française, le jeune Pellisson tourna son ambition vers la magistrature, dont la route lui avait été tracée par ses ancêtres. C'est à Toulouse, qu'à peine âgé de dix-neuf ans, il fit une paraphrase du premier livre des *Institutes de Justinien* écrite avec une pureté et une élégance dont on ne croyait pas que cette matière fût susceptible. Cette production, qui n'avait rien de la jeunesse de son auteur que l'agrément, fut imprimée en 1645. Les savants trouvèrent à y apprendre, les dames à s'y instruire en s'amusant; et l'on ne découvrit enfin, dans

---

légua, comme à la plus belle ame qu'il eût connue, la chaîne d'or dont le Sénat de Venise lui avait fait présent, en reconnaissance du poème qu'il avait composé en l'honneur de cette république.

Voyez OEuvres diverses de Pellisson, tom. Ier, pag. cxxxvj, édition de M. DCC. XXXV.

cet ouvrage, d'autre défaut *que celui de n'être pas conduit jusqu'à sa fin* (1).

Bientôt après Pellisson justifia au barreau de Castres, dont il était la gloire, les espérances qu'il avait fait concevoir ; mais au moment où il y brillait du plus grand éclat, la petite-vérole vint le défigurer à un tel point qu'elle le rendit méconnaissable à ses amis eux-mêmes. Oubliant dans son désespoir qu'il n'avait qu'à parler pour plaire, cet accident lui fit abandonner le barreau. Il se retira à la campagne avec M. de *Bressieu* (2), son ami, pour lequel il eut la complaisance de traduire plusieurs chants de l'Odyssée, où le bonhomme, véritable rêveur, croyait trouver le secret de la pierre philosophale.

Né pour les belles-lettres, dont il devait être un jour le plus bel ornement, il se livra à la poésie, à l'éloquence, à l'histoire; et, tout en donnant son application à la langue française, il apprit encore l'italien et l'espagnol. Néanmoins, comme un aussi beau génie ne pouvait

---

(1) Voyez le *Discours prononcé par M. l'abbé de Fénélon, dans l'Académie Française, le* 31 mars 1697.

(2) Quelques biographes écrivent *Villebressieux*.

s'ensevelir dans la retraite, il fit plusieurs voyages à Paris, où il connut des personnes aussi distinguées par l'étendue de leur esprit que par la profondeur de leurs connaissances; et bientôt il se détermina à se fixer dans cette capitale de l'Europe savante. Mais en changeant de climat, Pellisson ne changea point d'inclinations. Se trouvant au centre des arts, il cultiva les Muses avec plus d'ardeur, et composa un nombre infini de petites pièces remarquables par une fraîcheur de poésie, une légèreté de style, une élégante facilité et une pureté de goût, qu'on ne saurait trop apprécier dans un jeune poète et qui firent les délices de l'élite des littérateurs français. Le mérite de mademoiselle de Scudéry, dont les ouvrages, qu'elle n'avouait point par modestie, lui attiraient aussi l'admiration du monde lettré, le toucha particulièrement, et il ambitionna bientôt son estime et sa bienveillance. Comme Pellisson était tout aussi galant dans sa conversation que dans ses écrits, et que personne ne connut jamais mieux l'art d'embellir, par des tours ingénieux, les pensées toujours fleuries qu'il employait dans ses récits, pour transporter le lecteur au temps où les événements s'étaient passés, la Muse du XVIIe siècle eut à son égard le même désir ; et il s'ensuivit entre eux une amitié qui, par sa durée et par sa solidité, n'offre guère d'exemple. Cette liaison inspira, comme on sait, à une muse maligne les vers suivants :

> « La figure de Pellisson
> Est une figure effroyable ;
> Mais quoique ce vilain garçon
> Soit plus laid qu'un singe et qu'un diable,
> Sapho lui trouve des appas !
> Moi, je ne m'en étonne pas,
> Car chacun aime son semblable (1). »

mais au moins elle ne put justifier la médisance, attendu que mademoiselle de Scudéry était privée des agréments de son sexe ; et l'on connaît ce mot de madame de Sévigné, que Pellisson *abusait de la permission qu'ont les hommes d'être laids*. Laid ! soit ; mais cette femme célèbre n'ignorait pas que sa véritable beauté était celle de l'âme et du talent, qui le dédommageait bien

---

(1) Mademoiselle Scudéry était laide. Elle fit le quatrain que voici, en voyant son portrait :

> « Nanteuil, en faisant mon image,
> A de son art divin signalé le pouvoir :
> Je hais mes yeux dans mon miroir ;
> Je les aime dans son ouvrage. »

de sa figure (1). Cependant Conrart, le premier *secrétaire perpétuel* qu'ait eu l'Académie française, et Sarrasin, furent jaloux de cette intimité : aussi la demoiselle, pour tout concilier, composa-t-elle le quatrain suivant :

> « Enfin, Acante, il faut se rendre;
> Votre esprit a charmé le mien.
> Je vous fais citoyen de Tendre,
> Mais, de grâce, n'en dites rien. »

Conrart et Scudéry, liés avec Pellisson, savaient qu'il travaillait depuis quelque temps à une histoire de l'*Académie française* et sur les premiers travaux de cette compagnie encore au berceau.

---

(1) On rapporte qu'une dame prit un jour Pellisson par la main, et le conduisit chez un peintre, en disant à celui-ci : *Tout comme cela, trait pour trait*, et sortit brusquement. L'artiste l'observa, et le pria de se tenir en place. Pellisson demanda l'explication de l'aventure. « Monsieur, répondit le peintre, j'ai entrepris de représenter, pour cette dame, la Tentation de Jésus-Christ dans le désert; nous contestons depuis une heure sur la forme qu'il faut donner au diable; elle vous fait l'honneur de vous prendre pour modèle. »

Galerie de l'ancienne cour, tom. II, pag. 443, deuxième édition.

On trouve également cette anecdote dans l'ouvrage intitulé : *Tableau Historique*, etc., tom. II, pag. 151, à l'article Pellisson.

Le jeune érudit fut invité à faire connaître son ouvrage; et quoiqu'il fût manuscrit, il le fit lire en pleine assemblée vers la fin de 1652 (1).

Cette lecture enleva tellement le suffrage des académiciens et fut accueillie avec un si grand enthousiasme, que l'académie, oubliant ses coutumes et ses lois, décida d'une voix unanime que la première place qui vaquerait lui serait destinée; que cependant il aurait droit d'assister aux assemblées et d'y opiner comme académicien, avec cette distinction glorieuse, que la même faveur ne pourrait être accordée à personne (2). Il fut donc le quarante-unième membre pour la première fois. Le 30 décembre (3), il prononça un discours de remercîment, et par ce nouveau morceau d'éloquence il justifia encore mieux ce que l'académie avait fait pour lui. Son histoire fut imprimée l'année suivante, et a servi de modèle à ceux qui l'ont écrite après lui (4).

---

(1) Le premier registre de l'Académie a été égaré.
(2) Voyez cette histoire, pag. 369, édition de M. DC. LXXII.
(3) Même année, c'est-à-dire 1652.
(4) Le nombre de quarante, dont l'Académie devait être composée, n'avait été rempli que lors de la réception de M. de Priesac, qui avait eu lieu en 1639, c'est-à-dire cinq ans après

Cependant, tout en cultivant les lettres et l'amitié, Pellisson crut ne devoir pas négliger sa fortune. Il avait déjà acheté, cette même année, la charge de secrétaire du Roi. Le *surintendant* des finances, attentif à attirer à lui tout ce qui avait de l'éclat, et trouvant dans une seule personne une si belle réunion de talents, l'enleva aux lettres pour le jeter dans les affaires. Il le fit son premier commis en 1657, et bientôt son confident (1). Cette confiance était d'autant mieux placée, qu'au titre de savant de premier ordre il joignait celui, plus précieux encore, de parfait honnête homme.

Pellisson conserva dans ces nouvelles fonctions toute la droiture de son cœur, mêlée à tous les agréments de son esprit; et quatre années passées

---

son premier établissement. M. Patru, qui fut le premier reçu ensuite, entrant dans la compagnie, y prononça un fort beau remercîment, dont on demeura si satisfait, qu'on a obligé tous ceux qui ont été reçus depuis d'en faire autant.

Histoire de l'Académie française, tom. Ier, pag. 233, édition de M. DC. LXXII.

(1) Foucquet, qui était laid, aimait beaucoup les femmes. Ne pourrait-on pas le soupçonner de coquetterie, lorsqu'on songe à Pellisson, qui était encore bien plus laid que lui?

paisiblement dans cet emploi, lui firent goûter le plaisir de faire des heureux.

En 1659, on le reçut maître des comptes à Montpellier. L'année suivante, Foucquet, qui usait des finances de l'État comme des siennes propres, et qui déjà avait fait fortifier Belle-Ile, (terre de son domaine, pour lui servir de retraite, si jamais il se voyait contraint de quitter la cour), lui fit délivrer des lettres de conseiller-d'état. Mais il se perdit sans retour par le magnifique scandale qu'il offrit dans une fête somptueuse donnée à sa maison de Vaux (1) au grand Roi, dont il eut l'audace de vouloir surpasser la magnificence, en portant même la générosité jusqu'à faire mettre dans la chambre de chaque courtisan des bourses remplies d'or, pour fournir au jeu de ceux qui pourraient être sans

---

(1) Le 20 août 1661. Il dépensa 18 millions, qui en valent aujourd'hui 36, à faire bâtir deux fois cette superbe maison. Celles de Saint-Germain, de Fontainebleau, etc., n'approchaient pas de la beauté de Vaux. Néanmoins on crut dans le temps que Foucquet fut servi avec aussi peu d'économie qu'il en avait apporté au service du Roi. Il avait fait également de grandes dépenses pour l'embellissement de sa maison de Saint-Mandé.

argent, ou n'en avoir pas assez (1); et l'ambition de Colbert, homme plus vigilant que généreux, et qui déja, travaillant en secret avec le roi (2), aspirait à remplacer le surintendant, contribua encore plus à sa perte (3). Il eût été même arrêté dans Vaux le jour de la fête sans la Reine mère. Il est vrai qu'il faut convenir que Foucquet

---

(1) Tous admirèrent la magnificence de ce procédé. Peut-être tâchèrent-ils de se persuader que c'était au nom du Roi, ou du moins à ses dépens, et sans doute ils ne se trompaient pas sur ce dernier point.

Le surintendant de *Bullion* avait déja donné un exemple de ce genre. Ayant fait frapper, en 1640, les premiers louis qui aient paru en France, il imagina de donner un dîner à cinq seigneurs ses courtisans, fit servir au dessert trois bassins pleins de nouvelles espèces, et leur dit d'en prendre autant qu'ils voudraient. Chacun se jeta avidement sur ce fruit nouveau, en remplit ses poches, et s'enfuit avec sa proie sans attendre son carrosse; de sorte que le surintendant riait beaucoup de la peine qu'ils avaient à marcher.

Galerie de l'ancienne cour, tom. Ier, pag. 367, deuxième édition.

(2) Quoique Colbert n'eût pas beaucoup d'instruction, il semblait être né pour les grandes choses. Le Roi tenait chaque jour des conférences avec lui sur les affaires du royaume; toutes les branches de l'administration y étaient examinées avec le plus grand soin.

(3) *Tandis que Colbert ne songeait qu'à le perdre, Foucquet ne pensait qu'à jouir*. Mémoires de madame de Maintenon, tom. Ier, pag. 192. Amsterdam, M. DCC. LV.

avait été trop loin. On voyait partout dans cette maison ses armes et sa devise; c'était un écureuil avec ces paroles : *Quò non ascendet?* « Où ne montera-t-il pas (1)? »

Les courtisans remarquèrent que l'écureuil était peint poursuivi par une couleuvre. (Colbert avait une couleuvre dans ses armoiries.)

L'ambition de cette devise ne servit pas à apaiser le monarque; et s'il sut se contenir dans un premier mouvement d'indignation, le surintendant apprit bientôt qu'il ne lui était pas donné de commettre impunément de pareilles fautes.

Le Roi déclara vouloir visiter la Bretagne, et partit pour s'y rendre (2).

Arrivé à Nantes, Foucquet, qui se flattait de devenir premier ministre, et qu'on avait eu l'adresse d'y attirer, fut arrêté, en sortant du conseil, par Artagnan (3), sous-lieutenant des mous-

---

(1) Voltaire, dans son Siècle de Louis XIV, a écrit : *quò non ascendam;* mais dans un volume in-folio qu'on peut consulter à la bibliothèque Mazarine, et où se trouvent peintes les armes de Foucquet en regard de son portrait, on lit : *quò non ascendet?* qui nous paraît plus convenable.

(2) On y travaillait déjà à un nouveau port de mer.

(3) Le 5 septembre 1661. Le 9, les scellés furent mis chez

quetaires, qui le fit monter dans un carrosse et le conduisit aussitôt sous une bonne escorte au château d'*Angers*, où on le garda très-étroitement. Peu de temps après, on le transfera à celui d'*Amboise*, où il demeura jusqu'au jour de Noël 1662 (1), époque de sa translation au donjon de Vincennes, où il fut interrogé pour la première fois par M. Poncet, conseiller de grand'chambre. Enfin, le 18 juin 1663, il fut transféré au château de la Bastille par le même officier, qui couchait dans la chambre du prisonnier pour ne point le perdre de vue (2).

On sait que le procès commença par les accusations de péculat et de crime d'état. Mais on a prétendu qu'on ne produisit pas un troisième grief, qui sans doute tenait plus au cœur du Roi

---

Foucquet et Pellisson. Le commissaire Lespine trouva d'abord un peu de résistance chez le sieur Pellisson, et l'un de ses domestiques fut emprisonné pour avoir refusé la porte au commissaire.

Voyez une lettre de M. de Villeroy du 9 septembre 1661. Manuscrits à la bibliothèque du Roi, *Affaire de M. Foucquet.*

(1) « On avait bouché toutes les fenêtres de sa chambre, et on n'y avait laissé qu'un trou par le haut. »

La Fontaine; relation d'un voyage de Paris en Limousin. Lettre VIII.

(2) Dans la chambre des Saints.

que les deux premiers : c'était d'avoir voulu séduire mademoiselle de La Vallière, à qui il eut l'audace d'offrir deux cent mille livres (1). Cette

---

(1) La preuve des tentatives de Foucquet sur mademoiselle de La Vallière se trouve dans la lettre suivante écrite à ce sujet au surintendant par Mad. *Duplessis Belièvre*, chargée de cette négociation galante.

« Je ne sais plus ce que je dis, ni ce que je fais, lorsqu'on résiste à vos intentions. Je ne puis sortir de colère, lorsque je songe que cette demoiselle de La Vallière a fait la capable avec moy. Pour captiver sa bienveillance, je l'ay encensée par sa beauté, qui n'est pourtant pas grande; et puis luy ayant fait connoître que vous empêcheriez qu'il ne luy manquât jamais de rien, et que vous aviez vingt mille pistoles pour elle, elle se gendarma contre moy, disant que vingt-cinq mille n'étoient pas capables de luy faire faire un faux pas; et elle me répéta cela avec tant de fierté que, quoique je n'aye rien oublié pour la radoucir avant de me séparer d'elle, je crains fort qu'elle n'en parle au Roy, de sorte qu'il faudra prendre le devant. Pour cela ne trouvez-vous pas à propos de dire, pour la prévenir, qu'elle vous a demandé de l'argent, et que vous luy en avez refusé; il la rendra suspecte pour la Reine mère. La grosse femme Brancas et de Grave vous en rendront bon compte : quand l'une la quitte, l'autre la reprend. Enfin, je ne fais point de différence entre vos intérêts et mon salut. La politique a voulu que je visse l'aigle : il m'a paru un fort bon homme, mais fort dupe en nos affaires; je luy ay donné de la pâture pour trois mois, et je luy ay fait avaler cela le plus doucement du monde. En vérité on est heureux de se mêler des affaires d'un homme comme offre fut repoussée avec indignation, et la demoiselle se plaignit d'un sujet aussi insolent, qui du reste ne ménageait rien pour satisfaire ses goûts passagers (1). « J'ai, disait-il, tout l'argent du royaume et le tarif de toutes les vertus. »

Il fallait être vraiment insensé pour oser se présenter comme rival d'un roi qui, à la majesté du trône, joignait celle d'une figure commandant en même temps le respect et l'amour; tandis que Foucquet, dont l'extérieur n'était rien moins qu'agréable, n'avait pour lui que le faux éclat de son rang (2). Ce surinten-

---

vous : votre mérite applanit toutes les difficultés; et, si le ciel vous faisoit justice, nous vous verrions un jour la couronne formée. »

(1) *Galerie de l'ancienne cour*, tom. 1er, pag. 369, deuxième édition.

Mademoiselle de La Vallière fut reçue au nombre des filles d'honneur de Madame à l'âge de quatorze ans. Elle était dans sa dix-septième année lors de l'arrestation de Foucquet.

(2) Dans un volume in-folio, imprimé en 1655, et portant pour titre : *Panégyriques des hommes illustres de nostre siècle, dédiez à monseigneur l'éminentissime cardinal de Mazarin*, par M. de La Serre..... historiographe de France, on voit six peintures à l'aquarelle. Les portraits du cardinal Mazarin, du chancelier Séguier, du garde des sceaux Molé, du premier président de Bellièvre, de M. Servien et de

dant n'ignorait pas d'ailleurs que l'incorruptible favorite, enorgueillie de la conquête du roi, et fière de la beauté majestueuse de ses traits jointe aux plus brillantes qualités, aimait de bonne foi et pour lui-même Louis XIV, qu'elle n'abandonna que pour Dieu, seul rival du monarque.

Pellisson, qui avait fait le prologue des *Fâcheux* de Molière, représentés pour la première fois à la fête de Vaux, se trouva enveloppé dans cette catastrophe. Il fut arrêté en même temps que son maître, et conduit à la Bastille au mois de septembre 1661 (1).

On rapporte qu'aussitôt qu'on apprit la dis-

Foucquet; ce dernier est effacé. Ce fut sans doute un trait de quelque lâche courtisan de la maison du cardinal. Mais le quatrain suivant, écrit à la main au bas du portrait, est parfaitement conservé :

« A quel degré d'honneur ne peut-il pas monter,
S'il s'élève toujours par son propre courage ?
Son nom et sa vertu lui donnent l'avantage
De pouvoir tout prétendre et de tout mériter. »

(Bibliothèque Mazarine.)

(1) La disgrâce de Foucquet entraîna celle de quelques-uns de ses amis, tels que *Gourville*, *Guénégaud* et *Saint-Évremont*. Ce dernier mourut en Angleterre.

grâce de Foucquet, qui donnait des pensions aux hommes par vanité, et aux femmes par libertinage, il y eut un grand nombre de dames qui n'osèrent se montrer; ce furent celles dont on trouva des lettres et des portraits parmi les papiers du surintendant : une grande cassette en était remplie, ainsi que de cheveux de toutes les couleurs; le tout parut étiqueté avec un ordre admirable (1).

On raconte aussi que, de tous les amis que ce trop célèbre surintendant avait eus dans sa prospérité, les seuls qui n'eurent pas la lâcheté de l'abandonner (ce qui prouve qu'il en méritait) furent *Gourville* (2), *Corneille*, mademoiselle de *Scudéry*, *Molière*, le spirituel *Saint-Évremont*, le sensible *Racine*, le bon *La Fontaine* (qui plaignit ses malheurs dans une touchante

---

(1) *Galerie de l'ancienne cour*, tom. Ier, pag. 370, deuxième édition.

(2) On a prétendu que, non content d'avoir prêté à madame Foucquet plus de cent mille livres pour sa subsistance, Gourville fit don de cette somme à M. Henri-Nicolas Foucquet, comte de Vaux.

Voyez les *Mémoires pour servir à l'histoire des règnes de Louis XIV et de Louis XV*, tom. Ier, pag. 370, deuxième édition.

élégie, connue de tout le monde) (1), l'illustre madame de *Sévigné*, et surtout l'inébranlable et reconnaissant *Pellisson*, qui se déclara hardiment le défenseur du ministre déchu (2). Les trois mémoires qu'il composa pour la justification de son bienfaiteur, discours dignes de figurer peut-être à côté de ceux du plus grand orateur dont l'ancienne Rome se glorifie, parurent des chefs-d'œuvre d'une éloquence mâle, aussi rapide que brillante. Dans ces nobles et généreux écrits il prouva que la sensibilité du cœur et l'élévation de l'ame sont la source des grands talents. Aussi tout ce qu'il y avait de respectable et de puissant alors s'empressa-t-il de rendre justice à son généreux dévouement, et c'est ainsi que la Bastille devint pour Pellisson une heureuse solitude où

---

(1) Cette élégie, qu'on lira toujours avec attendrissement, commence ainsi :

« Remplissez l'air de cris en vos grottes profondes,
Pleurez, nymphes de Vaux, faites croître vos ondes, etc., etc. »

(2) Il n'en fut pas ainsi de l'abbé Foucquet, frère du surintendant. Dans la crainte d'être compromis, il s'empressa d'écrire une lettre à Colbert, dans laquelle il assurait *qu'il n'avait point de part à toutes les choses qui avaient déplu à Sa*

il sut faire fleurir les lettres à l'ombre des cachots (1).

Un trait de présence d'esprit de Pellisson dans cette affaire, mérite d'être rapporté.

Un jour qu'on le confronta avec le surintendant à la Bastille, afin d'en tirer un aveu, Pellisson lui dit : « Monsieur, si vous ne saviez pas que les papiers qui attestent le fait dont on vous charge sont brûlés, vous ne le nieriez pas avec tant d'assurance. »

Majesté dans la conduite de son frère. Voyez cette lettre dans *mes voyages aux Environs de Paris*, tom. II, page 210.

Du reste, on sait que cet abbé était l'espion en titre de Mazarin, et qu'il fit mettre beaucoup de monde à la Bastille. On rapporte à ce sujet « qu'un homme qu'on y amenait un jour y vit un gros chien : *Qu'a fait*, dit-il, *cet animal pour être enfermé ?* Un prisonnier, que l'abbé Foucquet y avait fait mettre, répondit : *C'est pour avoir mordu le chien de l'abbé Foucquet.* »

(1) Voici ce qu'a dit Delille dans son poème de l'*imagination* :

« Tel fut ce Pellisson dont la constante foi
Brava pour un ami le courroux d'un grand Roi ;
Digne élève des arts, sa généreuse audace
De l'illustre *Foucquet* embrassa la disgrace ;
Et tandis que dans Vaux aux Naïades en pleurs
La Fontaine faisait répéter ses douleurs,
Pellisson dans les fers suivait cette victime :
Aimer un malheureux, ce fut là tout son crime. »

Ce fut un trait de lumière pour Foucquet, qui sut par là que les pièces qui pouvaient le convaincre sur des faits principaux avaient disparu. En conséquence il tint ferme, et les commissaires de la chambre de justice ne purent constater un fait capital.

Mais quoique le surintendant n'eût pu avoir un interprète plus digne, ni plus propre à lui ramener les esprits les plus prévenus, on ne réussit qu'à lui sauver la vie sans obtenir sa grâce entière (1).

Après trois années employées à l'instruction de cette cause à jamais mémorable, sur vingt-deux juges qui opinèrent, neuf conclurent à la mort.

Voici quelle fut la *conclusion de l'avocat-gé-*

---

(1) *Edmon* Coquier, ancien domestique de Foucquet; *Jean* Ludron, père, imprimeur; *Jean* Ludron, fils; *Pierre* Griport; *Antoine* Peyne; *François* Devyns; *Jacques* Aubusson, furent conduits à la Bastille, comme ouvriers travaillant à une imprimerie appartenant à madame Foucquet, qui y faisait imprimer les mémoires et requêtes pour la défense de son mari. L'imprimerie et les imprimés furent saisis.

Cette imprimerie était vis-à-vis les Incurables.

Madame Foucquet en avait encore trois autres : une à Montreuil, une au faubourg Saint-Antoine, et la troisième à Nogent-l'Artaud, à dix-huit lieues de Paris.

néral Talon, dans le procès criminel intenté au surintendant Foucquet:

. . . .

« Je requiers pour le Roy le dict *Nicolas* Foucquet estre déclaré atteint et convaincu du crime de péculat et autres cas mentionés au procèz, et pour réparation condamné à estre pendu et éstranglé tant que mort s'en ensuive, en une potence, qui, pour cet effect, sera dressée en la place de la cour du palais; et à rendre et restituer au proffict du dict seigneur Roy, toutes les sommes qui se trouveront avoir esté diverties par le dict Foucquet ou par ses commis, ou par autres personnes de son adveu et soubs son auctorité, pendant le temps de son administration; le surplus de ses biens déclarés acquis et confisqués, sur iceux préalablement prise la somme de quatre-vingt mille livres parisis demande envers le dict seigneur.

« TALON.

. . . .

« CHAMILLART (1). »

Néanmoins, sur un autre rapport de mes-

---

(1) **On** peut voir la pièce originale aux archives du royaume, *section historique*, carton *K*, n° 127.

sieurs Lefêvre d'Ormesson et Cormier de Sainte-Hélenne, Foucquet fut seulement condamné, le 20 décembre 1664, à la confiscation de ses biens et au bannissement perpétuel.

Quoique Colbert poursuivît sa mort avec acharnement (1), et que *Michel* Le Tellier fût le plus implacable de ses persécuteurs, ainsi que le chancelier Séguier qui le traita avec beaucoup de dureté, Louis XIV, pour des raisons de politique, commua la peine de bannissement en celle de réclusion perpétuelle (2), et ordonna

---

(1) On connaît le sonnet sanglant de Hénault contre Colbert :

« Ministre avare et lâche, esclave malheureux,
Qui gémis sous le poids des affaires publiques ;
Victime dévouée aux chagrins politiques,
Fantôme révéré sous un titre onéreux :

Vois combien des grandeurs le comble est dangereux ;
Contemple de *Foucquet* les funestes reliques ;
Et, tandis qu'à sa perte en secret tu t'appliques,
Crains qu'on ne te prépare un destin plus affreux !

Sa chute, quelque jour, te peut être commune ;
Crains ton poste, ton rang, la cour, et la fortune :
Nul ne tombe innocent d'où l'on te voit monté.

Cesse donc d'animer ton Prince à son supplice;
Et, près d'avoir besoin de toute sa bonté,
Ne le fais pas user de toute sa justice. »

(2) Il eût été sans doute fort dangereux de laisser sortir

qu'il serait transféré à la citadelle de Pignerol, sur les frontières de Piémont, où *d'Artagnan* le conduisit, avec la plus grande sévérité, le 22 du même mois (1), à la tête de cent mousquetaires.

L'instruction suivante fut donnée au capitaine Saint-Mars pour garder Foucquet.

. . . .

« Quant à la forme et manière selon laquelle le dict capitaine Saint-Mars debvra garder le dict Foucquet, Sa Majesté ne luy en prescript aucune, s'en remettant entièrement sur sa prudente et sage conduite et sur ce qu'il a vu praticquer par le dict sieur d'Artagnan, pendant tout le temps qu'il l'a gardé tant au bois de Vincennes qu'à la Bastille; Sa Majesté recommandant seulement bien expressément au capitaine Saint-Mars de ne pas permettre que le dict Foucquet ayt communication avec qui que ce soit de vive voix ni par éscript, et qu'il soit visité de personne

---

du royaume un homme aussi instruit des affaires les plus importantes de l'État.

(1) Foucquet monta dans le carrosse avec quatre hommes à onze heures du matin. Les débats de la procédure ont été recueillis et publiés en seize volumes. Ils contiennent des faits précieux pour l'histoire.

ni qu'il sorte de son appartement pour quelque cause et soubs quelque prétexte que ce puisse estre, pas même pour se promener.

« Que si le dict sieur Foucquet demandait des plumes, de l'encre et du papier, l'intention de Sa Majesté n'est pas que le dict capitaine Saint-Mars luy en fasse administrer, mais bien qu'il luy fasse fournir des livres s'il en désire, observant néanmoins de ne luy en faire donner qu'un à la fois, et de prendre soigneusement garde en retirant ceux qu'il aura eus en sa disposition, s'il n'y a rien d'escript ou de marqué dedans. Que s'il a besoin d'habit ou de linge, le capitaine Saint-Mars prenne soin de lui en faire faire, et Sa Majesté pourvoira au remboursement de ce que les dicts habits, linge et livres auront coûsté, sur les advis que le dict capitaine Saint-Mars en donnera.

« Que Sa Majesté ayant faict oster au dict Foucquet le médecin et le vallet de chambre qui l'ont servi pendant son séjour au château de Vincennes et à la Bastille, a ordonné au dict sieur d'Artagnan de le faire servir dans son voyage par l'un des siens ; elle désire que le dict capitaine Saint-Mars luy donne un vallet pour le servir tel qu'il jugera plus propre, lequel vallet sera pareillement privé de toutte communication et n'aura non plus de liberté de sortir que le dict Foucquet, en considération de quoy Sa Majesté fera payer au dict vallet, outre sa nourriture, 600 livres de gages.

« Et pour la subsistance du dict Foucquet et celle du vallet, Sa Majesté fera faire un fonds de six mille livres par chaque an....

« Sa Majesté fera faire aussy un fonds de la somme de douze cents livres pour chaque an pour le bois et chandelles, tant pour le feu de la chambre du dict Foucquet que des corps de garde..

« Que si le dict Foucquet tombait malade, ou qu'il eûst quelque indisposition, le capitaine Saint-Mars le fera assister des médecins, apothicaire et chirurgien de la dicte ville de Pignerol qu'il estimera à propos, et Sa Majesté pourvoira au payement.....

« Et lorsque le dict Foucquet voudra se confesser, il luy fera tenir un confesseur, observant néantmoins de n'advertir le dict confesseur qu'un moment avant qu'il doibve entendre le dict Foucquet, et de ne luy pas donner toujours la mesme personne pour le confesser....

« Il choisira aussy un chapelain pour dire la messe tous les jours au dict Foucquet, pour l'entretiennement duquel chapelain Sa Majesté a ordonné la somme de mille livres par chaque an, et, en outre, celle de cinq cents louis pour l'achapt d'ornements ou diverses autres choses nécessaires pour célébrer la messe.....

« Et au surplus Sa Majesté recommande au capitaine Saint-Mars de la tenir advertie de temps en temps de ce qu'il fera....

« Paris, le 24 décembre 1664.

« *Signé* Louis.

« *Et plus bas* Le Tellier. (1) »

Le médecin et le domestique de Foucquet (2) furent retenus à la Bastille, dans la crainte qu'étant en liberté, ils ne donnassent quelques avis de sa part à ses parents. La mère et l'épouse du surintendant reçurent ordre de se retirer à

---

(1) Voyez la pièce originale aux archives du royaume.

(2) Nous n'avons rien trouvé qui constate la sortie de ces personnes. Deux domestiques étaient morts en prison. « Mes ennemis, dit Foucquet, devroient avoir honte d'avoir desja veu mourir dans la prison deux ou trois misérables, sans autre accusation contr'eux, si non qu'ils estoient mes domestiques. »

Extrait d'un manuscrit portant pour titre : *Réponse à la réplique de M. Talon*, par Foucquet. Bibliothèque Mazarine.

Montluçon, ainsi que plusieurs autres membres de cette famille.

Colbert, l'un des auteurs de la ruine de ce ministre, lui succéda dans la seule qualité de contrôleur-général des finances, et la charge de *surintendant* fut supprimée.

Mais si la vie politique de cet homme d'état fut ainsi terminée, et si elle a été parfaitement connue de nos historiens, cent soixante ans se sont cependant déjà écoulés sans qu'on ait pu connaître bien positivement les détails de sa longue captivité ni ceux de sa fin. Comme rien n'est privé dans la vie des grands, que *tout appartient au public* (1), et que d'ailleurs nous avons été assez heureux pour découvrir la correspondance inédite qui eût lieu entre le Roi de France, ses ministres et le capitaine *Saint-Mars*, pendant plus de quinze années que dura cette détention, nous pouvons, à l'aide de ces précieux monuments historiques, pénétrer enfin dans l'intérieur de la prison du ministre déchu ; et, en dé-

---

(1) Massillon, *petit Carême*, pag. 15, édition de la *Collection des Classiques Français*.

roulant le tableau de la vérité, relever les erreurs commises par tous les écrivains (1).

Cependant, pour ne pas distraire l'esprit du lecteur par une correspondance d'un grand intérêt sans doute, mais aussi fort longue, nous croyons devoir continuer notre récit, en renvoyant à la fin du volume pour les lettres.

Arrivé à Pignerol dans les premiers jours de janvier 1665, d'Artagnan remit Foucquet entre les mains du capitaine Saint-Mars (2), qui, après l'avoir décemment logé dans le donjon de cette citadelle, avec un domestique à ses ordres (3), lui prêta des livres et l'avertit qu'il ne pouvait ni recevoir ni donner de ses nouvelles à per-

---

(1) Gourville assure, dans ses Mémoires, que Foucquet sortit de prison quelque temps avant sa mort. Voltaire prétend qu'*on ne sait pas où est mort cet infortuné, dont les moindres actions avaient de l'éclat quand il était puissant.*

Siècle de Louis XIV, tom. II, pag. 164, édition stéréotype.

(2) *Capitaine d'une compagnie franche d'infanterie, commandant dans ce donjon* en l'absence du marquis de Piennes, gouverneur.

On donna à Saint-Mars 6,000 liv. d'appointements, comme aux gouverneurs des grandes places.

(3) Le domestique devait dire au gouverneur les secrets et les *pensées* du maître.

sonne. Aussi le priva-t-il de plumes, d'encre et de papier.

On ne tarda pas à s'apercevoir que Foucquet désirait se confesser plutôt pour apprendre des nouvelles, que pour accomplir un acte de dévotion : dès-lors on ne lui permit de voir son confesseur que *les quatre bonnes festes de l'année et le jour de la Notre-Dame d'août*, à moins qu'il ne tombât malade.

Comme il demanda bientôt des *lunettes d'approche*, on pensa qu'il pouvait déja y avoir, dans le voisinage, des personnes qui s'intéressaient à sa sortie. On redoubla de soins pour sa garde ; la compagnie de Saint-Mars fut composée de soixante soldats, non compris les officiers ni les sous-officiers ; et l'on apprit peu de jours après que deux anciens domestiques du surintendant s'étaient rendus en secret à Pignerol, d'où on les fit sortir aussitôt.

Au mois de juin, la foudre tomba sur la citadelle. Le magasin à poudre sauta ; les meubles de l'appartement de Foucquet furent brisés sous les décombres : beaucoup de personnes périrent ; mais le prisonnier et son domestique, qu'on croyait écrasés sous les ruines, échappèrent à ce désastre par le plus grand des miracles, sans recevoir même la moindre contusion (1). Ils se trouvèrent dans la niche d'une fenêtre; d'où quelques habitants de Pignerol prirent occasion de répéter que souvent ceux qui paraissent criminels devant les hommes, ne le sont pas devant Dieu (2).

Aussitôt le gouverneur plaça Foucquet dans la maison du commissaire Damorézan, et s'empressa d'instruire le Roi de ce malheureux événement. Le prince lui ordonna de transférer son prisonnier au *fort de Pérouze* pour y être détenu avec la même surveillance, jusqu'à ce que la citadelle de Pignerol fût réparée.

En effet, comme le capitaine Saint-Mars avait perdu beaucoup de soldats, sa compagnie fut remise au complet. Trente gendarmes de la Reine se rendirent auprès de lui pour augmenter l'escorte de Foucquet.

On transporta une nouvelle artillerie au fort de *Pérouze*; Saint-Mars en fut reconnu le commandant, et l'on y transféra le prisonnier avec le plus grand soin.

---

(1) Voyez les lettres du 29 juin et du 14 juillet 1665.
(2) OEuvres de Foucquet, seizième volume.

Comme celui-ci avait le plus vif désir d'écrire pour donner de ses nouvelles, il trouva le moyen de faire des plumes avec des *os de chapon, de l'encre avec du vin et de la suie,* et de cacher ses écrits *dans le dossier de sa chaise.* Mais ce qui surtout inquiéta le gouverneur et le ministre Louvois, ce fut de voir que le prisonnier était parvenu à composer aussi une encre dont l'écriture ne paraissait qu'en chauffant le papier.

Les écrits et les plumes furent envoyés au ministre, et Foucquet se vit si bien surveillé qu'on le fouillait plusieurs fois dans la journée.

Comme ses livres avaient été ensevelis sous les ruines, on lui donna une bible, l'histoire de France, des habits, du linge, et tous les meubles qui pouvaient lui être nécessaires.

Le valet, qui était malade, et qu'on soupçonnait d'infidélité, fut changé. Il ne devait avoir rien de caché pour le gouverneur. Le prisonnier, qui tâchait toujours de séduire ses domestiques, ne sachant plus comment faire pour avoir du papier, écrivait dans les livres et ses notes secrètes sur des mouchoirs.

Il n'est pas hors de propos de dire ici que le Roi ne désirait point savoir, au commencement de cette détention, ce que son ancien surintendant écrivait; mais il tenait beaucoup à ce qu'on lui ôtât tout moyen de recevoir des lettres et d'en écrire. Sous ce rapport, Foucquet éprouva tant de contrariétés que sa santé s'altéra sensiblement. Néanmoins, dans la crainte qu'on ne parvînt à expédier des ordres contrefaits, pour faciliter son évasion, Louvois annonça à Saint-Mars que toutes ses lettres auraient désormais quelques lignes écrites de sa main, et qu'il ne devait jamais exécuter aucun ordre sans cela.

Le Roi avait envoyé aussi *Levé* à Pignerol pour restaurer la citadelle et le donjon; mais comme cet architecte mourut avant que les travaux fussent terminés, l'ingénieur *Chamois* fut chargé de les achever. Aussitôt que les réparations furent faites et qu'on eut remeublé le logement de Foucquet, on l'y transféra sous le plus grand secret, au mois d'août 1666, d'après un ordre du Roi du 15 juillet précédent.

Ne sachant plus à quoi s'occuper, pour charmer les ennuis de sa captivité, il imagina d'enseigner le *latin et la pharmacie* à son nouveau *domestique* (1), et de se livrer à la poésie. Ce

---

(1) Note trouvée dans un manuscrit du temps, ayant pour titre : *Mémoires pour la postérité*.

travail était trop innocent pour qu'on ne lui donnât pas un *Dictionnaire des rimes françaises* qu'il demanda. Nous ignorons s'il travailla avec beaucoup d'assiduité, mais toujours est-il certain qu'au mois de janvier 1667 il fut encore malade. Cette maladie, quoique longue, n'eut pas de suites fâcheuses; le siége en était au sein gauche; cependant il porta long-temps le bras en écharpe. Comme il avait été mécontent du nouveau valet, on le renvoya; mais on lui en donna deux pour mieux connaître ses pensées, et pour que d'ailleurs ils pussent se *veiller l'un l'autre*.

Ces valets ne devaient plus sortir de la prison et n'étaient pas moins à plaindre que leur maître !

A cette époque, on découvrit que Foucquet, faute de papier, écrivait sur des rubans. Saint-Mars reçut l'ordre de lui en donner de noirs, et de faire doubler ses habits de la même couleur. On crut devoir ajouter à cette précaution celle d'établir une blanchisseuse dans la citadelle.

Les prisonniers sont fertiles en ruses! Foucquet imagina de faire du papier avec son linge de table; mais il fut encore découvert, et l'on envoya ses nouveaux écrits à Louvois. Sans se décourager, l'illustre captif feignit d'être peu satisfait de son confesseur; et au mois de septembre 1668, il demanda le supérieur des Jésuites ou le gardien des Capucins, ou bien celui des Récolets de Pignerol, pour faire, disait-il, *une confession générale*. Saint-Mars ne voulut point accéder à son désir, se doutant bien qu'il avait un tout autre but que celui de la dévotion, et on le contraignit d'avoir le même confesseur.

Il faut croire que l'air de Pignerol n'était pas fort salubre, puisque le gouverneur, Foucquet et ses deux domestiques furent malades en même temps.

On découvrit bientôt que quelques soldats avaient été séduits par un nommé *Honeste;* que l'un d'eux avait reçu *six pistoles*, et que *Champagne* et *La Rivière*, domestiques du prisonnier, s'étaient rendus coupables en commettant aussi quelques infidélités. *Honeste* et le soldat, qui avaient pris la fuite, furent arrêtés par le *major de Turin* et reconduits à Pignerol.

Saint-Mars fit poser des grilles à chaque fenêtre de l'appartement de Foucquet. On entoura ces grilles de *clayes* si serrées et si élevées, que le prisonnier ne voyait que le ciel et n'était plus à même de faire des signes au dehors ni d'en apercevoir. On jugea le séducteur et le soldat qui avait reçu les *six pistoles*. Le militaire fut exécuté, et les valets se virent privés de leurs gages.

Mais avant de poursuivre notre narration, nous croyons devoir rapporter ici, sous forme épisodique, que vers cette époque, mademoiselle de Montpensier, qui avait refusé plusieurs souverains, après avoir eu l'espoir d'épouser Louis XIV, voulut faire à quarante-trois ans la fortune d'un gentilhomme. La petite-fille de Henri IV obtint du roi la permission d'épouser le comte de Lauzun. Elle lui donnait tous ses biens estimés vingt millions; trois duchés, la souveraineté de *Dombes*, le comté d'*Eu* et le palais d'*Orléans* qu'on nomme aujourd'hui *Luxembourg*. Mademoiselle ne se réservait rien, abandonnée tout entière à l'idée de faire, à ce qu'elle aimait, une plus grande fortune que nul Roi n'en a fait à aucun sujet.

Le contrat était dressé : Lauzun fut un jour *Duc de Montpensier*. Il ne manquait plus que la signature. Tout était prêt enfin, quand Louis XIV, affaibli ou plutôt fatigué par les représentations des Princes, des Ministres et surtout des ennemis d'un homme trop heureux, tels que madame de Montespan (que Lauzun avait fort maltraitée, comme on le verra bientôt), et Louvois, dont ce comte ne fut jamais aimé, retira sa parole et défendit cette alliance.

Les cours étrangères, qui avaient été instruites de ce mariage, furent aussitôt informées de la rupture. Mais le comte crut pouvoir épouser en secret la princesse qu'on lui avait permis quelques mois auparavant d'épouser en public.

Quoique Lauzun n'offensât point les lois de l'équité et qu'il ne trahît pas non plus son souverain, néanmoins le Monarque le fit arrêter et mener à la Bastille pour la seconde fois (1), d'où il fut conduit aussitôt à Pignerol par deux cents mousquetaires (2). C'est ainsi que, précipités en un clin-d'œil du faîte des grandeurs dans le fond d'un cachot, Lauzun et Foucquet, tristes

---

(1) La jalousie l'avait fait parler insolemment au Roi, qui le fit mettre à la Bastille en 1665. On rapporte que, trois mois après, le prince l'envoya chercher pour le voir avec une barbe de capucin qu'il avait laissée croître dans sa prison, et toute la cour en rit beaucoup. Lauzun rentra bientôt dans les bonnes grâces de Louis XIV, pour les reperdre de nouveau.

(2) Pas en novembre 1670, comme l'a dit Voltaire dans son siècle de Louis XIV, pag. 185, deuxième volume, édition stéréotype, mais bien le 25 novembre 1671.

jouets de la fortune, se trouvèrent détenus dans la même prison.

Le Roi donna l'ordre au gouverneur Saint-Mars de garder le nouveau prisonnier *avec toutes les précautions imaginables*, attendu qu'il était *capable de tout pour se sauver par force ou par adresse.*

Les instructions portaient aussi qu'il aurait deux domestiques qui ne communiqueraient avec personne, et que la garde du comte de Lauzun était si importante, qu'il fallait prendre le soin d'en donner *des nouvelles tous les ordinaires*, et de ne point lui laisser de papier, d'encre ni de plumes pour écrire.

En effet, arrivé dans les premiers jours de décembre 1671, le prisonnier fut logé au-dessous de Foucquet sans le savoir, et non pas sous une basse voûte, comme on l'a dit. Sa chambre fut meublée *d'un bon lict, de sièges, tables, chenets et ustancilles de feu, et d'une tapisserie de Bergame propre et honneste* (1).

Ce logement était si sûr par ses doubles portes,

_____

(1) Voyez l'*instruction pour la garde de M. le comte de Lauzun*, du 26 novembre 1671, signée *Louvois*.

ses triples verrous, ses grilles en dedans et en dehors et même à la cheminée, que le gouverneur répondit de Lauzun ; néanmoins, comme il témoigna quelque crainte de la vengeance de ce seigneur pour l'avenir, Louvois lui écrivit *de ne point se mettre en peine du ressentiment que ses prisonniers pourroient avoir contre lui s'ils venoient à être mis en liberté.*

Le Tellier envoya au comte de Lauzun des livres, ainsi que le linge et la vaisselle plate qu'il n'avait pu emporter lors de son arrestation ; mais comme on crut prudent de ne point lui laisser d'argent, Saint-Mars lui prit, par ordre du roi, celui qu'il avait, ou du moins crut l'avoir tout pris.

On lui permit de se confesser aux mêmes époques que Foucquet, et d'entendre la messe les fêtes et dimanches à une heure différente.

Ce comte, toujours destiné aux aventures, ne tarda pas à brûler une planche de sa chambre, pour voir ce qu'il y avait au-dessus de lui ; Saint-Mars s'en aperçut bientôt, et le menaça de le faire garder à vue si cela lui arrivait encore.

On découvrit aussi que quelques étrangers venus de Paris, avaient essayé de nouer des intelligences avec ce prisonnier. Ces manœuvres secrètes n'eurent point de résultats contraires aux volontés du Roi, attendu que plusieurs personnes furent arrêtées, et que l'une d'elles reçut l'ordre, après avoir été en prison, de sortir dans vingt-quatre heures *de la ville et du gouvernement de Pignerol avec deffense d'y rentrer jamais* (1).

A cette même époque le Roi permit, pour la première fois, à Foucquet de lire une lettre et un mémoire de sa femme et d'y répondre ; mais la réponse devait être remise au Prince, pour savoir *s'il auroit pour agréable* de l'envoyer ensuite à madame Foucquet (2).

Il est à remarquer que peu de temps après, cette dame obtint la liberté de pouvoir *écrire deux fois l'année* à son mari et *d'en recevoir autant de lettres* (3) avec obligation de les adresser au ministre Louvois pour qu'il pût voir si

---

(1) La dame *Carrière*. Le sieur *Mathonnet*, aide-major de Pignerol, fut *privé des fonctions de sa charge, et tenu de s'en démettre moyennant deux mil escus de réscompense.* (Voyez la lettre du 27 octobre 1672.)
(2) Voyez la lettre du 18 octobre 1672.
(3) Lettre du 10 avril 1674.

l'on y traitait *d'affaires étrangères* à des intérêts de famille.

Si Foucquet, dont les chagrins précipitaient les années, eut lieu d'être un peu moins triste, Lauzun se vit plus contrarié. Le marquis de Seignelay venait de lui écrire au nom du Roi (1) pour l'engager à se démettre de sa charge de *capitaine des gardes du corps*, avec l'invitation de désigner la personne à qui l'on pourrait en rembourser le prix (2). Cet ordre le contraria à tel point, qu'il s'emporta de la manière la plus violente contre Saint-Mars et répondit à monsieur de Seignelay qu'il ne donnerait pas sa démission. Il profita de cette occasion pour se plaindre de prétendus *mauvais traitements* qu'il recevait dans sa prison, quoique le gouverneur usât de la plus grande douceur envers lui et qu'il eût *tous les égards qui étoient dus à sa naissance et au rang qu'il avoit tenu à la cour* (3).

Néanmoins, ce comte, qui commençait à se *jeter dans la dévotion*, ne tarda pas à informer

---

(1) Le 9 novembre 1672.
(2) 400,000 livres.
(3) Lettre du 12 décembre 1672.

Louvois qu'il voulait se démettre de sa charge (1). Alors on introduisit un notaire près de lui pour *expédier* cette démission, d'après un modèle qu'on avait envoyé; mais quand il fallut signer, il s'y refusa. On lui fit savoir aussitôt que M. de Luxembourg en serait pourvu, ainsi que l'avait été M. de Noailles, sans qu'il en *coûtât rien;* alors il eut l'air de vouloir s'en démettre, mais non sans de grandes contrariétés, puisqu'il en devint malade de chagrin.

Ce ne fut toutefois qu'en 1677, lorsqu'il apprit de Louvois, que le maréchal de Luxembourg en avait été pourvu (2), qu'il se décida à donner sa démission; mais on lui fit sentir qu'elle était inutile.

---

(1) Lettre du 10 janvier 1673.
(2) Voyez la lettre du 9 février 1677.
Le comte de Lauzun ne se consola jamais de n'être plus *capitaine des gardes du corps;* et cette folie le dominait si puissamment, qu'il prenait souvent un habit bleu à galons d'argent, qui, sans être tout-à-fait semblable à l'uniforme des gardes, aux jours de revue, en approchait beaucoup.

A l'âge de quatre-vingts ans, il avait encore cette manie, qui l'aurait rendu ridicule si, à force de singularité, il ne se fût rendu supérieur au ridicule même.

Galerie de la cour, tom. II, pag. 39, deuxième édition.

Lauzun devint d'une humeur si sombre et si bizarre, qu'il se vengeait sur ce qui l'environnait, des chagrins qui le déchiraient; aussi Saint-Mars n'allait-il plus le visiter si souvent. Néanmoins, comme ce gouverneur tenait beaucoup à connaître ses occupations, il imagina, pour ne pas manquer à son devoir, de monter sur des arbres touffus d'où il pouvait voir ce qu'il faisait sans être aperçu. Il découvrit qu'il avait souvent une *lunette d'approche* à la main; et, comme la chute des feuilles n'allait plus permettre à Saint-Mars de se cacher, celui-ci, qui avait rendu compte au roi de sa découverte, reçut l'ordre de prendre au comte de Lauzun la lunette, *faisant semblant de la trouver visitant son appartement* (1).

Louvois crut devoir user de cette rigueur, attendu qu'il avait appris que quelques personnes au service de mademoiselle de Montpensier, dont Lauzun demandait souvent des nouvelles au gouverneur, avaient disparu de Paris et pouvaient bien s'être transportées dans les environs de Pignerol (2).

---

(1) Voyez la lettre du 10 novembre 1675.
(2) Principalement un nommé *Lamy, qui avait été mis dans les gardes du Roi par M. de Lauzun.* Lettre du 16 mars 1676.

On redoubla donc encore de soins pour sa garde.

A cette époque, on lui annonça que le duc de la Force venait de l'instituer son héritier, et que s'il voulait accepter cette *hérédité*, il fallait qu'il nommât madame de Nogent, sa sœur, pour sa procuratrice (1). Mais comme il devint indispensable, pour des affaires de famille, que cette dame vît le comte de Lauzun, elle obtint du Roi la permission d'aller à Pignerol avec son frère et l'avocat Izarn.

En effet, d'après l'ordre de Louis XIV, Saint-Mars se disposait à faire venir le prisonnier dans son appartement, pour y traiter les affaires à *haute voix, en sa présence et celle d'un commissaire, à quatre reprises différentes, durant deux heures chaque fois;* mais le comte de Lauzun se trouvant malade, le Roi ne permit qu'on lui laissât aucune communication avec qui que ce fût, qu'après qu'il serait en état d'être transporté dans l'appartement du gouverneur. Cependant le monarque voulut bien permettre qu'on donnât aux prisonniers la satisfaction de

---

(1) Lettre du 18 mai 1676.

se promener trois fois par semaine sur le rempart pour prendre l'air, à des heures différentes l'un de l'autre, ou bien à la volonté du rigide Saint-Mars. Toutefois, ils ne devaient jouir de cette faveur *qu'après le départ de madame de Nogent, de M. le chevalier de Lauzun et de ceux qui les avaient accompagnés* (1).

La santé du comte se rétablit un peu. Sa famille obtint les quatre entretiens dans le mois d'octobre 1677 avec les *précautions exigées;* les promenades eurent lieu après, mais le gouverneur crut prudent de ne point laisser les deux prisonniers ensemble.

Lauzun, par son humeur noire et violente à la fois, chagrinait toujours Saint-Mars, qui cependant lui prodiguait tous les soulagements dont il pouvait avoir besoin, sans pour cela déroger en rien aux précautions prescrites par le Roi. Bientôt le domestique, ayant essayé d'aider son maître à s'évader (2), fut renvoyé dans son pays avec les menaces de le mettre aux ga-

---

(1) Lettre du 1ᵉʳ novembre 1677.
(2) Il était sur le point de s'échapper, quand il fut surpris par une sentinelle.

lères, s'il ne s'y rendait pas directement ; et le gouverneur, malgré tous ses soins à observer ses prisonniers, ignora long-temps l'intelligence qui régnait depuis peu entre Foucquet et le comte de Lauzun. Voici comment :

La chambre de ce dernier était placée précisément au-dessous de celle de l'ancien ministre, ainsi que je l'ai déjà dit; le comte parvint à s'y introduire, à l'aide d'une nouvelle ouverture secrète qu'il réussit à se pratiquer.

Le surintendant, qui, lors de sa gloire et de sa puissance, n'avait vu Puyguilhem (1) que dans la foule, comme un cadet de Gascogne, gentilhomme sans fortune, mais protégé du maréchal de Grammont, son parent, et reçu chez madame la comtesse de Soissons, où Louis XIV se rendait assidûment, le crut fou quand il lui conta qu'il avait été le *favori du Roi, colonel-général des dragons, capitaine des gardes du corps*, et comment il avait manqué la place de *grand-maître de l'artillerie* (2).

---

(1) Lauzun fut connu d'abord sous le titre de marquis de Puyguilhem, que Voltaire écrit *Peguillin*.

(2) Le duc de Mazarin, retiré de la cour en 1669, voulut

Foucquet crut la folie arrivée à son comble et craignit même de se trouver avec lui, lorsque le favori disgracié ajouta qu'il avait eu la per-

---

se défaire de sa charge de grand-maître de l'artillerie. Lauzun en eut vent le premier, et la demanda au Roi, qui la lui promit, mais dans le secret. Le jour venu où le prince devait le déclarer grand-maître, Lauzun alla attendre la sortie du Roi du conseil des finances dans une chambre où personne n'entrait. Il y trouva *Nyert*, premier valet de chambre en quartier. Lauzun, sûr de son affaire, crut se dévouer *Nyert* en lui faisant part de ce qui allait se déclarer en sa faveur. Le valet de chambre lui en témoigne sa joie, mais il monte avec adresse au bureau de Louvois, et l'avertit que Lauzun allait être déclaré grand-maître de l'artillerie. Ce ministre, qui haïssait Lauzun, descend, pénètre au conseil, tire le Roi dans l'embrasure d'une fenêtre, et lui dit qu'il a cru de son devoir de lui représenter l'incompatibilité qui existe entre lui et le comte de Lauzun. Le Roi, piqué de voir que son secret est connu de celui à qui il avait à cœur de le cacher, lui répond que cela n'est pas fait encore, et le congédie. Un instant après, le Roi sort pour aller à la messe, et passe sans rien dire à Lauzun, qui, fort étonné, attend le reste de la journée, et puis en parle au Roi à son *petit coucher*. Lauzun, peu satisfait des réponses du Monarque, va trouver madame de Montespan, et la conjure de faire cesser son inquiétude. Celle-ci lui promet merveille, et l'amuse ainsi plusieurs jours. Las de ce manège, il prend une résolution incroyable, si elle n'eût été attestée de toute la cour. Ce comte était fort bien avec une femme de chambre, favorite de madame de Montespan, et ce fut par son moyen mission d'épouser la petite-fille de Henri IV avec tous les biens et tous les titres de la maison de Montpensier. Le surintendant ne douta plus

---

qu'il vint à bout de la plus hasardeuse entreprise dont on ait entendu parler.

Le Roi passait toutes les nuits avec la Reine, mais il voyait souvent l'après-dînée ses maîtresses. Lauzun se fit cacher sous le lit dans lequel le Roi s'allait mettre avec madame de Montespan. Par leur conversation, il apprit l'*obstination* que Louvois avait mise à s'opposer à son désir; la colère du Roi de ce que son secret avait été éventé; sa résolution de ne point lui donner la charge, et les mauvais offices de la dame. Le Roi se lève; madame de Montespan se met à sa toilette pour aller à la répétition d'un ballet où le prince, la Reine et toute la cour devaient se trouver. Lauzun sort adroitement, va se rajuster chez lui, et puis revient à la porte de madame de Montespan. Lorsqu'elle sort, il lui présente la main, lui demande d'un air fort respectueux s'il peut se flatter qu'elle ait daigné se souvenir de lui auprès de Sa Majesté. Elle l'assure que oui. Alors, s'approchant de son oreille, il lui dit qu'elle est une *menteuse*, une *coquine*, une...., et lui répète mot pour mot sa conversation avec le Roi. Madame de Montespan est si troublée, qu'à peine arrivée au lieu où devait se faire la répétition du ballet, elle s'évanouit. Le Roi, effrayé, vient à elle, et ce n'est pas sans peine qu'on la fait revenir. Le soir, elle conte au Roi ce qui lui est arrivé. Le Prince est irrité de toutes ces injures... Lauzun, de son côté, est furieux de manquer l'artillerie. Il épie un tête-à-tête avec le Roi, lui parle de l'artillerie, et le somme de tenir sa parole. Le Monarque lui répond qu'il alors que Lauzun n'eût la cervelle totalement dérangée, et prit tous ses récits pour des contes en l'air.

Le sort voulut que, peu de temps après, leur situation fût adoucie. Le Roi leur permit de se voir en toute liberté, pourvu qu'ils fussent accompagnés du gouverneur; de manger et de passer les journées ensemble; de se promener, non-seulement dans le donjon, mais encore dans toute la citadelle; de jouer avec les officiers; d'avoir toutes sortes de livres et de gazettes; cependant on avertit le comte de Lauzun que les *gens armés d'armes à feu qui marchaient à sa suite* tireraient sur lui s'il faisait le moindre effort pour s'évader, et que si lui et Foucquet donnaient de leurs nouvelles par d'autres voies que par celle de Saint-Mars, celui-ci remettrait leur garde *sur le pied de la première année.*

---

n'est plus temps.... Alors Lauzun tourne le dos, tire son épée, en casse la lame, et s'écrie *qu'il ne servira plus un Prince qui lui manque si vilainement de parole....* Le lendemain matin Lauzun fut arrêté dans sa chambre et conduit à la Bastille, d'où il sortit peu de temps après.

Mémoires pour servir à l'histoire des règnes de Louis XIV et de Louis XV, tom. II, pag. 29, deuxième édition.

On leur fit espérer aussi que le Roi, dans sa générosité, permettrait bientôt que des gens de la ville vinssent leur tenir compagnie, et que cette même faveur serait accordée à leurs parents.

Enfin le prince, satisfait des services du sévère gouverneur, lui accorda une gratification de 15,000 livres. Il permit en même temps au comte de Lauzun de se confesser chaque mois, d'entendre la messe tous les jours avec Foucquet; et, pour le contenter davantage, on lui donna l'appartement qu'il désirait (1).

Mais ce qui dut achever de rappeler à la vie l'ancien surintendant, ce fut d'apprendre que le comte de Vaux, son fils, était porteur d'une lettre par laquelle le Roi permettait à ses enfants, à M. de Mézières, son frère, de se rendre à Pignerol, ainsi qu'à madame Foucquet (2), qui

---

(1) On a rapporté que, dans la crainte qu'on ne lui donnât un prêtre supposé, il avait demandé un capucin, et que, dès qu'il le vit, il lui sauta à la barbe et la tira très-fort pour s'assurer qu'elle n'était point postiche.

Une lettre du 21 février 1677 nous apprend effectivement qu'un ecclésiastique fut maltraité, mais rien ne prouve qu'elle se rattache à l'anecdote du capucin.

(2) Marie-Madeleine de Castille, qui prit un logement

pouvait jouir de la faveur de voir son époux à toute heure, et de rester avec lui si elle le souhaitait.

La même grâce fut accordée au comte de Lauzun, à l'égard de madame de Nogent et du chevalier de Lauzun, son frère; mais on leur répéta qu'ils ne devaient donner de leurs nouvelles à personne sans remettre leurs lettres au gouverneur.

Ce fut donc vers la fin de mai 1679 que l'ancien ministre revit pour la première fois sa famille, si malheureuse depuis dix-neuf ans, après avoir été si puissante!

Mais si Foucquet, dans sa résignation, sut observer en tous points les ordres prescrits, il n'en fut pas de même du comte de Lauzun, dont l'humeur, les violences et les inquiétudes faisaient le tourment de Saint-Mars.

Le Père Désescures, supérieur des jésuites, qui *parut suspect*, n'eut plus ses entrées dans le donjon (1); et quoiqu'on fût mécontent de la

---

avec son fils Charles-Armand Foucquet, dans la maison du sieur Fenouil.

(1) Ce ne fut qu'après la mort de Foucquet que le P. Désescures rentra au donjon.

conduite de Lauzun, le Roi lui permit d'avoir *quatre jeunes chevaux pour les monter dans la cour et sur le bastion où il avait coutume de se promener* (1). Le monarque permit aussi à mademoiselle Foucquet d'occuper un logement au-dessous de celui de son père.

Un fait remarquable et bien digne de fixer l'attention, c'est qu'aussitôt que cette demoiselle logea près de l'auteur de ses jours, les illustres prisonniers se brouillèrent à jamais (2).

Louvois ne fut point contrarié de cette mésintelligence, attendu qu'elle pouvait servir à faire connaître les projets et les pensées de l'un et de l'autre; aussi recommanda-t-il au gouverneur de ne pas chercher à les raccommoder (3). Il est vrai que, lors même qu'on les aurait rapprochés, leur union n'eût pas duré long-temps, puisque Foucquet termina sa carrière le 23 mars 1680,

---

(1) Lettre du 28 novembre 1679.
(2) Il n'est pas hors de propos de rappeler ici que, tant que Lauzun vécut, il ne cessa de rendre de mauvais offices à la famille du surintendant; et, si l'on n'a pas connu jusqu'à présent la cause de cette inimitié, dont on a tant parlé, peut-être la devine-t-on aujourd'hui, en se rappelant l'humeur galante et séductrice de Lauzun.
(3) Lettre du 24 janvier 1680.

dans les sentiments d'un véritable pénitent. Ses dépouilles furent déposées dans les caveaux de l'église de Sainte-Claire.

Le comte de Vaux emporta les *papiers et les vers* de son père (1), au grand regret de Louvois (2), et madame Foucquet fit des démarches auprès du Roi pour obtenir le corps de son époux. Cette grâce lui ayant été accordée (3), les dépouilles mortelles du surintendant furent déposées, le 28 mars de l'année suivante, dans l'église du couvent des dames de *Sainte-Marie*, grande rue Saint-Antoine, à Paris (4), dans le même caveau où son père avait été inhumé quarante ans auparavant (5).

---

(1) Peut-être l'ouvrage qui fut publié en 1683 sous le titre de *Conseils de la sagesse*, etc.

(2) Lettre du 8 avril 1680.

(3) Lettre du 9 avril 1680.

(4) Extrait des registres mortuaires de cette église.

« Le 28 mars 1681, fut inhumé dans notre église, en la chapelle de Saint-François-de-Sales, messire Nicolas Foucquet, qui fut eslevé à tous les desgrés d'honneur de la magistrature, conseiller du parlement, maître des requestes, procureur général, surintendant des finances, et ministre d'Estat. »

(5) Ce caveau se trouvait placé sous la chapelle de Saint-François-de-Sales. Le motif de ces deux inhumations dans ce lieu, se trouve expliqué par la pièce que voici :

Malgré sa vigilance, ce ne fut qu'après la mort du ministre disgracié, que Saint-Mars apprit les communications qui avaient existé entre les deux prisonniers. Il en informa aussitôt Louvois, dont il reçut l'ordre de faire *reboucher* l'ouverture secrète, et de donner le logement de Foucquet

---

« Extrait du testament olographe de feu M. François Foucquet, conseiller ordinaire du Roy en son conseil d'Estat, « datté du vingt febvrier 1640. Signé F. Foucquet.

. . . .

« Que du jour de mon deceds il soit dict par chaque jour à perpétuité, pour la rédemption de mes peschez, et pour prier la divine bonté pour ma femme et mes enfants, une messe basse à heure certaine au monastère de la Visitation, pour la fondation de laquelle je donne quatre mil livres pour estre employées à rentes ou héritages, à condition que ma femme la fera célébrer sa vie durant par un ecclésiastique séculier ou régullier que bon luy semblera.

« Ce fut faict extraict et collationné sur l'original à l'instant rendu par le dict notaire soubs signé.

A Paris ce quatre may 1640,

Cousinet. »

Dans une autre pièce on voit que madame Foucquet donna en 1653 un supplément de 600 livres aux 4,000 livres pour la fondation faite audit monastère.

On peut consulter les pièces originales, les *quittances et conventions des religieuses de Sainte-Marie. R. Saint-Antoine* aux archives du royaume, section historique, carton L, n° 1176.

à Lauzun. Le gouverneur redoubla de zèle pour sa garde et fit de fréquentes visites dans l'appartement du prisonnier, *parce que homme au monde*, selon Louvois, n'était *plus capable de dissimulation que luy* (1). Néanmoins, d'après un nouvel ordre du 12 avril 1681, porté à Saint-Mars par *Maupertuis*, sous-lieutenant de la première compagnie des Mousquetaires à cheval, le comte de Lauzun sortit de sa prison, le 22 du même mois, et fut conduit aux eaux de *Bourbon*, où se trouvait alors madame de Montespan (2).

Mais comme le premier volume de la vie de ce seigneur est terminé, et qu'ici commence le *second tome* (3) étranger à notre sujet, nous re-

---

(1) Lettre du 8 avril 1680.

(2) Voici l'attestation remarquable de la remise du prisonnier :

« Monsieur de St.-Mars ma remis entre les mins monsieur le conte de laut zeun suivant l'ordre que ge luy en é a porté du Roy a Pignierolle ce vinté deux ziesme avril mille cix sans quatre vint é eun,

« MAUPERTUIS. »

(3) Expression de madame de Sévigné. Lauzun ne sortit de Pignerol qu'à condition que *Mademoiselle* céderait au duc du Maine la souveraineté de Dombes et le comté d'Eu. Alors il fut permis à *Mademoiselle* de vivre avec son mari. Elle ne tarda pas à s'en repentir, par les outrages qu'elle eut

venons à Pellisson que nous avions abandonné pour porter un nouveau jour sur quelques points historiques qui n'avaient pas encore été bien éclaircis.

Les créatures de Louvois, de Colbert, de Le Tellier, et ces ministres eux-mêmes qui s'étaient réjouis de la disgrace du surintendant, ne pardonnèrent point à Pellisson son généreux dévouement. Aussi cherchèrent-ils à irriter contre lui le Roi, qui bientôt donna l'ordre de traiter le prisonnier avec la dernière rigueur.

En effet, après l'apparition de son éloquente apologie, où son ame généreuse éclatait tout entière, Pellisson, qui jusqu'alors avait eu la facilité d'écrire dans sa prison, fut privé de livres, d'encre, de papier (1) et n'eut pendant long-

---

à essuyer. Lauzun poussa l'insolence à un tel point, qu'un jour en venant de la chasse, il lui dit : « *Henriette de Bourbon, tire-moi mes bottes.* » La demoiselle s'étant récriée, le comte fit un mouvement du pied pour la frapper. La princesse lui défendit dès-lors de paraître en sa présence.

(1) On peut voir, à la fin du volume, dans les lettres inédites que j'ai trouvées, que depuis le mois d'août 1662 jusqu'au 29 novembre 1665, Pellisson n'écrivit point à Colbert. On a rapporté que cet illustre prisonnier se vit réduit à écrire sur *des marges de livres, avec le pomb de ses vitres,* ou avec

temps d'autre ressource contre l'ennui, toujours inséparable d'une longue captivité, qu'un Basque stupide qui ne savait que jouer de la musette. Mais dans ce faible amusement il trouva une distraction à sa douleur. Une araignée faisait sa toile dans un soupirail qui donnait du jour à la prison : il eut l'idée de l'apprivoiser. Tandis que le Basque jouait de la musette, Pellisson mettait des mouches sur le bord du soupirail; l'araignée, s'accoutumant insensiblement au son de l'instrument, sortait de son trou, et courait sur la proie qu'on lui ménageait. C'est ainsi que l'appelant toujours par le même signal, il parvint, après une patience de plusieurs mois, à apprivoiser cette araignée, qui allait prendre une mouche au fond de la chambre, et quelquefois sur les genoux de Pellisson.

On raconte à ce sujet que Bezemaux, gouverneur de la Bastille, vint un jour voir son prisonnier, et lui demanda, avec un sourire insultant, à quoi il s'occupait : Pellisson, d'un air serein,

---

une espèce *d'encre qu'il imagina*, en délayant de la croûte de pain brûlé dans quelques gouttes de vin qu'on lui servait.

L'anecdote est fausse; on ne lui laissa aucun livre à cette époque.

lui dit qu'il avait su se faire un amusement; et donnant aussitôt son signal, il fit venir l'araignée apprivoisée sur sa main. Le gouverneur ne l'eut pas plus tôt vue, qu'il la fit tomber à terre et l'écrasa avec son pied. « *Ah! monsieur*, s'écria Pellisson, *j'aurais mieux aimé que vous m'eussiez cassé le bras* (1). »

Sans doute cette action cruelle ne pouvait venir que d'une ame atroce; cependant on s'est accordé à dire que Bezemaux était moins inhumain que les autres gouverneurs, et qu'après avoir souvent adouci les peines des malheureux

---

(1) Mémoires pour servir à l'histoire des règnes de Louis XIV et de Louis XV, pag. 444, partie II, deuxième édition.

M. Walckenaer a mis en doute une partie de cette anecdote. Il convient de *l'intimité* qui régnait entre Pellisson et son araignée, mais il ne croit pas à la catastrophe qui *termina l'aventure* (a). Cependant Delille a dit dans son poème de l'*Imagination* :

> « Un geôlier, au cœur dur, au visage sinistre,
> Indigné du plaisir que goûte un malheureux,
> Foule aux pieds son amie, et l'écrase à ses yeux.
> L'insecte était sensible et l'homme fut barbare!
> O tigre impitoyable et digne du Tartare,
> Digne de présider au tourment des pervers,
> Va, Mégère t'attend au cachot des enfers! »

(a) Voir à ce sujet, une lettre insérée dans le tomo x des *Archives Littéraires*.

confiés à sa garde, il avait quelquefois obtenu la liberté de plusieurs prisonniers.

On a rapporté aussi qu'afin de surprendre à Pellisson les importants secrets dont il était dépositaire, on plaça près de lui « un Allemand simple et grossier en apparence, mais fourbe et rusé coquin dans le fond, qui feignait d'être *prisonnier*, et dont les fonctions étaient de jouer le rôle *d'espion*. A son jeu et à ses discours Pellisson le pénétra ; mais, ne laissant pas voir qu'il connût le piége qu'on lui tendait, et redoublant au contraire ses politesses envers l'Allemand, il s'empara tellement de son esprit qu'il en fit son émissaire », et eut par-là une correspondance journalière avec mademoiselle de Scudéry. Cette dame, convaincue de l'innocence du prisonnier, écrivit à Colbert pour le supplier *d'adoucir la prison de son ami,* et de faire *en sorte* que la mère de Pellisson, Rapin, *son beau-frère*, Ménage et elle eussent la liberté de le voir *une fois ou deux la semaine* (1).

A ces lettres en succédèrent d'autres non

---

(1) Voyez cette lettre remarquable aux pièces justificatives.

moins touchantes de la mère infortunée de l'innocent prisonnier, qui, faible et souffrant de la tête et des yeux, cessa d'être enfin sous le poids du secret, et obtint la faible consolation de se promener sur la terrasse du château, accompagné toujours de quelques gardes.

Bientôt les ducs de Montausier, de Saint-Aignan et d'autres personnages non moins illustres s'empressèrent de l'aller voir dans sa prison. Des gens de lettres lui transmirent les témoignages de leur profonde estime. Tannegui-Lefèvre, père de la célèbre madame Dacier, lui dédia son *Lucrèce* et sa traduction du *traité* de Plutarque *sur la superstition*.

Le prisonnier à son tour fit présenter au Roi un placet en vers *au nom de la Pigeonne de Sapho* (1). Le prince rendit une justice éclatante, mais trop tardive, à son innocence, et le généreux défenseur de Foucquet fut enfin mis en liberté.

Revenu de ses préventions contre Pellisson, Louis XIV, se plaçant lui-même au nombre des admirateurs de ses talents, lui rouvrit la carrière administrative et honora sa fidèle indépendance. Comme il n'avait plus de bien et qu'il avait sa-

---

(1) OEuvres diverses de Pellisson, tom. Ier, pag. 147.

crifié 54,000 francs de sa fortune pendant les cinq années de sa détention, le généreux monarque lui assura une pension de deux mille écus, et ajouta à cette grâce celle, bien plus flatteuse encore, de lui donner les entrées des gentilshommes de la chambre, qu'on nomme aussi *les grandes entrées*.

A cette même époque, le duc de Montausier confia à mademoiselle de Scudéry, que, si Pellisson était catholique il se ferait un plaisir de le proposer au Roi pour être précepteur du Dauphin et président à mortier, attendu que M. de Périgni, accablé d'infirmités, était prés de mourir.

Cette confidence fut connue de Pellisson, qui, à peine sorti de prison, avait déjà manifesté le désir d'embrasser la foi catholique; mais dans la crainte qu'on ne le soupçonnât de s'être plutôt laissé éblouir et entraîner par la fortune qu'éclairer par la vérité, et incapable d'ailleurs d'emprunter le voile de la religion pour arriver à ses fins, il retarda cette cérémonie. Ce ne fut qu'après la mort du président de Périgni (1), remplacé auprès du jeune prince par l'illustre

---

(1) Premier septembre 1670.

Bossuet (1), que Pellisson abjura la religion protestante dans l'église souterraine de Castres, entre les mains de Gilbert de Choiseul (alors évêque de Comminge), et entra dans l'état ecclésiastique (2).

Comme la lettre qu'il écrivit au roi le jour même de son abjuration est aussi courte que belle, et qu'elle peint parfaitement le désintéressement et la sincérité de sa conversion, nous croyons devoir la placer sous les yeux du lecteur :

« Sire,

« Quelque profond que soit mon respect pour V. M., j'ai cru devoir faire sans elle la seule chose du monde qu'il ne faut point faire pour lui obéir ni pour lui plaire. Dieu a voulu toutefois qu'après lui V. M. y eût la première part. Sept ans de prière et d'étude avaient éclairé et convaincu ma raison. Le seul état d'infortune et de disgrace où je me trouvais, me rendait suspectes toutes les lumières et les inspirations du Ciel, quoique vives et fortes. Il a plu à V. M. de me tirer de cet état il y a neuf mois. Qu'elle compte

---

(1) Il était déja nommé à l'évêché de Condom.
(2) Le 7 octobre 1670.

donc, s'il lui plaît, désormais, entre les grâces que j'ai reçues de sa bonté, et dont je lui dois être éternellement obligé, celle qui est sans comparaison la plus grande, et qu'elle ne pensait pas m'avoir faite; je veux dire tout ce que les hommes pouvaient contribuer à ma conversion et à mon salut : et qu'elle soit bien persuadée aussi, qu'on ne peut être avec plus de vénération, plus de zèle et plus de reconnaissance que je le serai toute ma vie, Sire, de V. M. le très-humble , etc.

« Pellisson-Fontanier. »

Il n'est pas douteux que Voltaire a prétendu trop légèrement que Pellisson *beaucoup plus courtisan que philosophe, changea de religion et fit sa fortune* (1). Le restaurateur de l'éloquence française n'avait pas besoin d'emprunter le masque de l'hypocrisie, à une époque où les emplois étaient les récompenses de la vertu ; il méritait sous tous les rapports les distinctions du monarque, autant par le noble usage qu'il avait fait de sa plume que par la sincérité désintéressée avec

---

(1) Siècle de Louis XIV à l'article *Pellisson*.

laquelle il avait abjuré les erreurs de la religion prétendue réformée.

En 1671, il fut nommé maître des requêtes; trois ans après économe de Cluny; puis économe de Saint-Germain-des-Prés; en 1676, préposé pour l'administration du tiers des économats; et cette même année il fut pourvu de l'abbaye de Gimont et du prieuré de Saint-Orens (1). Enfin en 1679 il fut économe de Saint-Denis. Mais, quelles que fussent ses occupations, cela ne l'empêchait pas de célébrer tous les ans l'anniversaire de sa sortie de la Bastille, en obtenant la délivrance d'un prisonnier. Il faisait aussi, du moment de sa réunion à l'Église, un jour de fête où il s'approchait des sacrements. Depuis ce temps il ne cessa plus d'écrire pour Dieu et pour son Roi. Le 3 février 1671, il prononça dans l'Académie française le fameux *Panégyrique de Louis XIV*, monument si généralement estimé, qu'il fut bientôt traduit dans toutes les langues de l'Europe savante (2).

---

(1) Bénéfices situés dans le diocèse d'Auch.
(2) En italien et en espagnol, par l'abbé *Régnier*; en latin, par *Doujat*; en anglais, par un *anonyme*; en arabe, par le patriarche du Mont-Liban.

Né pour le bonheur des hommes, père des orphelins, protecteur du mérite, soutien des faibles, possesseur de toutes les vertus, Pellisson, convaincu qu'on n'est élevé que pour être l'appui et la ressource des autres, répandit de toutes parts les graces du prince pour tâcher de ramener dans le sein de l'Église ses frères errants; ce qui fit dire à quelques protestants qu'il faisait des *conversions à prix d'argent.*

Non moins enthousiaste de la gloire de Louis XIV que de sa puissance et de son amour pour ses sujets comme de leur amour pour lui, il obtint du monarque bienfaisant et pacifique la faveur de le suivre dans sa première expédition en Franche-Comté. Témoin oculaire de ce qui s'était passé, il écrivit bientôt la relation de cette rapide conquête. Sa nouvelle production fut si applaudie et tellement goûtée du Roi lui-même, que ce prince, non moins chéri dans la paix que redouté dans la guerre, le choisit pour écrire et transmettre son histoire aux siècles à venir. Mais il fut bientôt desservi par madame de Montespan (1), et le privilége d'*historio-*

---

(1) Il est bon de rappeler ici que Pellisson avait fait perdre

graphe du Roi passa dans les mains de Racine et de Boileau. Ces deux grands maîtres qui avaient déja tant contribué par leurs chefs-d'œuvre immortels à éterniser la gloire de ce règne éclatant et non moins fameux que celui d'Auguste, n'élevèrent point le monument destiné à transmettre aux âges à venir les victoires et les conquêtes du monarque. Leur silence, digne de tous nos regrets, fit dire à un commis des finances : « Nous n'avons encore vu de ces Messieurs que leur signature (1). »

Il n'est pas douteux que le déplaisir que Pellisson ressentit de cette espèce de disgrace, quoique le Roi lui ordonnât de *continuer*, et peut-être aussi ses occupations, ou mieux encore sa santé

---

un procès à cette dame, à qui le Roi avait accordé quelques droits sur les Boucheries de Paris; et c'est par une espèce de vengeance, naturelle à son sexe, qu'elle fit nommer à cette charge les deux grands poètes.

(1) Voltaire paraît avoir adopté le mot du commis lorsqu'il a dit, après être nommé *historiographe de France :*

« . . . . Je me garde bien
De ressembler à ce grand satirique,
De son héros discret historien,
Qui, pour écrire en style véridique,
Fut bien payé, mais qui n'écrivit rien. »

chancelante, furent cause que cette histoire de 1661 à 1678 manqua de force et de précision dans le style, de chaleur dans le développement des caractères, de coloris dans les tableaux, et resta enfin imparfaite (1).

Pour surcroît de malheur, au moment où Pellisson se proposait de mettre la dernière main à son ouvrage sur l'*Eucharistie*, il mourut à Versailles le 7 février 1693, vers les sept heures du matin, à l'âge de soixante-neuf ans. Comme la mort, arrivant sous les apparences du sommeil, vint le surprendre, la malveillance oubliant son zèle ardent et infatigable pour la religion, ne manqua pas de répandre qu'il avait emporté dans la tombe des sentiments d'indifférence pour le culte qu'il avait embrassé (2). Mais

---

(1) Cette histoire a été publiée en 1749 par l'abbé Lemascrier.

(2) Les protestants prétendirent qu'il mourut indéterminé entre les deux religions, se fondant sur l'épigramme qui courut lors de sa mort. *Linière*, qui était mordant, et que son irréligion avait fait appeler *l'athée de Senlis*, était l'auteur de l'épigramme que voici :

« Je ne jugerai de ma vie
D'un homme avant qu'il soit éteint ;
Pellisson est mort en impie,
Et *La Fontaine* comme un saint. »

5.

les catholiques, tout en convenant qu'il mourut sans sacrement, prouvèrent que, malgré sa défaillance, on l'avait vu, quelques jours avant, se traîner au pied des autels pour célébrer l'anniversaire de sa conversion; et le jour même où il expira, il devait être entendu de son confesseur à onze heures du matin, ainsi que l'ont affirmé ceux qui l'entouraient dans ses derniers instants (1).

Du reste, sa mémoire fut noblement vengée de l'accusation dont on avait cherché à le flétrir, et, en terminant cet ouvrage, nous ne saurions mieux faire que de reproduire une lettre de Bossuet écrite à mademoiselle du Pré le 14 février 1693 (2).

---

(1) *Bossuet*, *Fénélon*, le Père de *La Chaise*, et plusieurs autres ecclésiastiques également distingués dans l'église, avaient été envoyés par le Roi chez Pellisson.

Voici des vers d'un autre genre qu'on fit sur la mort du défenseur de Foucquet :

« C'est contre tout droit et raison
Qu'on en veut à la mort d'avoir pris Pellisson :
Sans doute lui-même eut envie
D'aller tâter d'une autre vie ;
Car, s'il n'eût pas voulu descendre au sombre bord,
Cet oracle de notre langue
N'avait qu'à faire une harangue ;
Il eût congédié la Mort. »

(2) C'est-à-dire sept jours après la mort de Pellisson.

« Je vous assure, mademoiselle, que M. Pellisson est mort, comme il a vécu, en très-bon catholique. Loin d'avoir le moindre doute de sa foi, je l'ai toujours regardé, depuis le temps de sa conversion jusqu'à la fin de sa vie, comme un des meilleurs et des plus zélés défenseurs de notre religion. Il n'avait l'esprit rempli d'autre chose; et deux jours avant sa mort, nous parlions encore des ouvrages qu'il continuait pour soutenir la Transsubstantiation : de sorte qu'on peut dire, sans hésiter, qu'il est mort en travaillant ardemment et infatigablement pour l'Église. J'espère que ce travail ne se perdra pas, et qu'il s'en trouvera une partie considérable parmi ses papiers.

« Au reste, il a voulu entendre la messe pendant tous les jours de sa maladie, et je n'ai jamais pu obtenir de lui qu'il s'en dispensât les jours de fête. Il me disait en riant qu'il n'était pas naturel que ce fût moi qui l'empêchât d'entendre la messe. Il n'a jamais cru être assez malade pour s'aliter, et il s'est habillé tous les jours, jusqu'à la veille de sa mort, et il recevait ses amis avec sa douceur et sa politesse ordinaire. Son courage lui tenait lieu de forces; et jusqu'au dernier soupir, il voulait se persuader que son mal n'avait rien de dangereux. A la fin, étant averti par ses amis que ce mal pouvait le tromper, il différa sa confession au lendemain, pour s'y préparer davantage, et si la mort l'a surpris, il n'y a rien en cela de fort extraordinaire : c'était un vrai chrétien, qui fréquentait les sacrements. Bien éloigné du sentiment de ceux qui croient avoir satisfait à tous leurs devoirs, pourvu qu'ils se confessent en mourant, sans rien mettre de chrétien dans tout le reste de leur vie, il pratiquait solidement la piété ; et la surprise qui lui est arrivée ne m'empêche pas d'espérer de le trouver dans la compagnie des justes. C'est, mademoiselle, ce que j'avais dessein d'écrire à mademoiselle de Scudéry, avant même de recevoir votre lettre ; et je m'acquite d'autant plus volontiers de ce devoir, que vous me faites connaître que mon témoignage ne sera pas inutile pour la consoler. Je profite de cette occasion pour vous assurer, mademoiselle, de mes très-humbles respects et vous demander l'honneur de la continuation de votre amitié (1).

« J. B. évêque de Meaux. »

---

(1) *OEuvres de Bossuet*, tom. XXXVII, pag. 475, Versailles, 1818.

PIÈCES

JUSTIFICATIVES.

CORRESPONDANCE

INÉDITE.

A M. COLBERT,

CONSEILLER DU ROY EN SES CONSEILS, ET INTENDANT DES FINANCES.

Dimanche matin, 1662 (avril).

Monsieur,

L'estat où vous estes et celuy où je suis vous pourroit rendre suspectes les véritables protestations que je vous ferois de mon tres humble service. J'ayme mieux que vous jugiez de moy par un autre temps, et que vous vous en rapportiez au passé ou à l'avenir qui, s'il plaist a Dieu, ne sera pas tousiours si misérable. Pour moy, monsieur, puis qu'après m'avoir donné autres fois plusieurs tesmoignages de vostre bonté, vous avez bien voulu qu'elle m'ayt esté confirmée dans mon malheur, et, ces jours passez encore, par M. de Besemaux, je me sens tout a fait obligé a vous en rendre mille graces tres humbles; et neantmoins jaurois espargné a un homme aussi occupé que vous, la peine de lire un compliment inutile, si je ne me voyois comme contraint a vous demander deux graces. La première, monsieur, est de me faire dire par M. de Besemaux mesme, si vous avez veu ce que j'ay escrit de mes affaires particulières à monseigneur Le Tellier, qui n'a principalement a faire que nous conserver au mesme estat tous les effects qu'on m'a trouvez, jusques a ce que vous ayez pu connoistre clairement a combien juste titre ils m'appartiennent. Car si cette lettre vous a esté communiquée, je n'ay plus rien a vous dire la dessus, et laisse a vostre justice, a vostre equité et a vostre génerosité, a faire le reste. Mais si vous n'avez point esté informé de ce destail, rien au monde ne m'importe d'avantage que de vous en donner connoissance, et j'espere que vous me ferez l'honneur de l'agréer. J'ose, monsieur, vous supplier tres humblement en second lieu de vous employer pour m'obtenir la liberté de me promener quelquefois sur la terrasse. J'ay fait prier mes parents de ne s'en point tourmenter tant que j'ay cru m'en pouvoir passer, et ce n'est point par jnquietude ni jmpatience que je le demande, mais par l'obligation naturelle que chacun a de prendre soin de sa santé, car comme je n'ay ni occupation ni divertissement qui ne nuise a mes yeux, que depuis peu ils ont empiré de beaucoup, que je sens beaucoup de repletion, et des maux de teste qui ne guerissent pas aisement dans l'air enfermé d'une chambre fort estroite, je juge qu'un peu d'exercice et un peu d'air me sont absolument necessaires, d'autant plus, qu'après y avoir bien fait reflexion, je ne puis trouver nulle difference entre estre avec M. de Besemaux ou M. Barail auprès d'un feu, ou estre avec eux sur une tres haute terrasse, hors qu'on voulust me punir par une closture si exacte, ce que je ne puis croire parce que repassant toute ma vie, ma memoire ni ma conscience ne me disent rien qui ne mérite d'estre recompensé, et, plus on examinera mes actions, plus on le trouvera de la sorte. Ainsi, quand l'orage seroit encore plus grand qu'il n'est pour moy, je ne croiray point que Dieu m'ayt donné un cœur aussi bon, aussi françois : et, si je l'osois dire, aussi amoureux de son devoir en toutes choses, et qu'il m'ayt fait naistre sous un prince aussi grand, aussi juste, aussi extraordinaire que le nostre, sans me destiner a recevoir plustost des graces et des faveurs que des chastiments de sa main. Je scay ce que vous y pouvez contribuer, faites le, monsieur, par cette seule raison, tres digne de vous, que je ne scaurois vous rendre la pareille.

Je suis, avec respect, monsieur,

Vostre tres-humble, et tres-obéissant serviteur,

Pellisson Fontanier.

AU MÊME.

Aoust 1662.

Le sieur Pellisson, dont la santé est assez infirme, et qui l'est devenue beaucoup plus par sa longue prison, desireroit, selon l'avis du médecin, de se baigner pour tascher de la reparer. Il supplie très humblement monsieur Colbert, en luy continuant les obligations qu'il luy a desià données (et comme il luy plust de le faire espérer pour lui à M. Barrail), de vouloir dire un mot à Sa Majesté, pour avoir un ordre de faire entrer un baigneur à la Bastille, et parce qu'il a un procès fort considérable en la chambre de l'Edit, où il s'agit d'une substitution qui luy vient de sa famille, et qu'il luy seroit important que le mesme ordre luy permist d'en examiner les escritures et pouvoir donner à son advocat les mémoires nécessaires pour éclaircir la justice de sa cause. Il supplie encore très humblement monsieur Colbert de luy procurer cet avantage, lui protestant, qu'il luy en sera redevable toute sa vie.

AU MÊME.

Mars 1663.

Monsegneur,

Une personne de calité ma dit, que le nommé Bosquet, autres fois commis de mon fils, luy a asseuré qu'il vouloit vous porter ses plaintes d'un acte que iay faicte au pere de la Fillie, qu'il pretand espouser pour eviter qu'il ne puise pas frustrer mon fils, auquel il n'a point randu un compte final. Ie vous suplie tres humblemant, monsegneur, me faire la grace de vouloir ieter les yeux sur le petit memoire que ie prands la liberté de vous envoyer, afin que vous sachiés les raisons qui m'y ont obligée, en cas con vienne vous inporturner sur ce suiect, iay encore recours a vostre bonté, monsegneur, pour un placet que ie vay presenter a Sa Maiesté, selon ce qu'il vous a pleu me l'ordonner plusieurs fois; iespere tout de l'honneur de vostre protection, laquelle ie vous demande, monsegneur, avec tout le respect que ie vous dois, et vous proteste que iay toute la recognoissance qu'on peut avoir de vos bien faicts, lesquels me seront presans toute ma vie, et ie ne cesseray point mes prieres, a Dieu pour vous; cet, monsegneur, votre tres humble et tres obeissante servante,

FONTANIER, mère de PELLISSON.

AU MÊME.

Vandredy, juin 1663.

MONSIEUR,

Comme iay une extreme recognoissance pour toutes les graces que vous aves daigné faire a mon fils et a moy, ie resans une douleur fort sansible de voir, monsieur, que vous ne nous faictes plus l'honneur davoir les mesmes bontés pour nous. Ie say bien que quelques esprits malicieux et mal tornés, qui ce veulet prevaloir de se que mon fils ne peut luy mesme se iustiffier auprès de vous, monsieur, luy ont attribué des choses aux quelle ie suis tres assurée quil na iamais songé, iespere quil vous le faira voir clairement un iour, sy Dieu le conserve iusques a sa liberté, et que vous remarqueres bien, monsieur, quil est un de vos plus fidelles et obeissants serviteurs, mais dans cette attante, ie souffre des penes estranges en se que vous ayes, monsieur, douté des grandes obligasions, et de tout le respect que lon peut avoir pour vostre personne. Ie voy bien que vous nestes pas satisfaict de mon fils, et que vous voulés, monsieur, lui oster la protection que vous luy avies acordée avec tant de generosité; ie souhaiterois quil vous pleut, a des moments qui vous sont les moins incomodes, me permoitre monsieur, de vous esclairsir les choses que lon luy impute sy vous aves cete bonté, ie suis presque assurée que vous en serois satisfaict. Iiray, monsieur, me presanter a vous pour savoir sy vous lagreerés, et sairoy toute ma vie, avec une parfaicte sobmision, monsieur, vostre tres humble et tres obeissante servante,

Fontanier, mère de Pellisson.

Au mesme istant que ialois ferme cette lettre, lon me dit, monsieur, que mon pauvre fils a la fievre, il y a desia quelque tems quil en estoit travalié toutes les neuits, ie vous suplie tres humblement, monsieur, que faisant quelque reflecsion sur les tandreses que lon a pour ses enfans, vous voulies bien prandre quelque compasion de moy, me permaitant de le pouvoir asister, ie prieray Dieu, monsieur, pour vostre prosperité et santé.

AU MÊME.

Aoust 1663.

Monsieur,

Pardonnés ma liberté, sy j'ose isy, avec tout le respect que ie vous dois, vous tesmognier le sansible desplaisir que jay de voir, que l'on me colomnie aupres de vous. Jestois, monsieur, en une pene extreme de savoir pourquoy je suis privée de voir mon fils. Mais despuis deux jours la voix publique m'aprand que l'on vous a persuadé, monsieur, que javois aporté quelque escrit que l'on dit estre party de mon fils. Ie vous ay faict de grands sermants, lors que je ne savois pas de quoy il s'agissoit, je vous les confirme encore, monsieur, et me soubmets a toutes les rigueurs qu'il vous plaira.....

Mon fils ny moy ayant jamais rien escrit dont l'on parle, ny rien qui puisse vous avoir desplü, que s'il vous plaisoit me faire l'honneur de vous informer qui je suis, je m'asseure que plusieurs personnes dignes de foy, vous tesmognieroient, que je fais profession exacte de garder ma parole, comme une chose sacrée, ainsi, monsieur, je n'avois garde de commencer de la violer, pour me randre indigne d'une grace qu'il vous avoit pleu m'acorder avec tant de générosité, d'alieurs, monsieur, je vous proteste fort sincerement, que sans maller aviser des affaires dautruy, mon but à la Bastille nestoit que de divertir mon fils des enneuis de sa longue prison, reparer un peu sa mauvese santé et lantretenir tres souvant, des obligasions que nous vous avons monsieur, dont ie suis bien asseurée qu'il a tous les sentimants possibles. Et pour moy, monsieur, en mon particulier, quoy qu'il me puisse arriver, je ne cesseray point de faire des vœux au Ciel pour vostre prosperité, comme, monsieur, vostre tres humble et tres obeissante servante,

FONTANIER, mère de PELLISSON.

AU MÊME.

Décembre 1663.

MONSIEUR,

Quoy que ie n'aye presques pas l'honneur d'estre connue de vous, ie ne laisse pas d'esperer que vous ne trouveres point mauvais que ie prenne non seulement la liberté de vous escrire, mais encor celle de vous demander une grace, et pour vous obliger à m'escouter favorablement, ie vous protesteray d'abord, que le

Roy n'a point de suiette qui ait plus de passion, ni plus de zele que i'en ay tousiours eu pour sa gloire, et que feu M. le Cardinal n'a iamais obligé personne qui ait eu plus d'estime pour ses grandes qualités, ni plus de reconnoissance de ses bienfaits. Apres cela, monsieur, i'ose vous coniurer tres instamment, si vous le pouvez, comme ie n'en doute point, de faire que la prison de M. de Pellisson soit un peu plus douce. Si sa vertu, sa probité, son zele pour le service du Roy, et la consideration que ie scay qu'il a tousiours eue pour vous, vous estoient bien connues, vous le regarderiez, sans doute, comme un homme dont l'innocence doit estre protegée par vous. Ie le dis, d'autant plus hardiment, monsieur, que i'espere que i'auray quelque iour l'honneur de vous le faire voir clairement. Ie vous coniure donc, monsieur, d'avoir la bonté de faire en sorte que la mere de M. de Pellisson, M. Rapin, son beau frere, M. Menage et moy ayons la liberté de le voir une fois ou deux la semaine. I'ose vous dire encor, monsieur, que si vous scaviez bien les choses, vous connaitries que ie ne vous demande rien que de iuste, lors que ie vous coniure d'adoucir la prison de mon amy. I'ose mesme vous assurer monsieur, que cette douceur sera glorieuse au Roy, pour le service du quel ie suis assurée que M. de Pellisson voudroit donner toutes choses iusques à sa propre vie; et ie vous assure aussi que vous ne pouvez rien faire de plus iuste ni de plus honneste. Ie n'ose vous dire, monsieur, que i'auray une reconnoissance eternelle de cette grace, si vous me l'accordez; mais ie vous assure que vous obligerez un nombre infini d'honnestes gents, en obligeant mon amy. Si i'eusse cru ne vous importuner pas, ie vous aurois demandé un quart d'heure d'audience pour vous dire ce que je vous escris, et peut estre quelque chose de plus, mais n'ayant osé le faire, ie me suis hasardée de vous escrire sans vouloir employer personne aupres de vous, quoy que i'aye beaucoup d'amis par qui i'eusse pu vous faire prier, mais i'ay mieux aimé ne devoir rien qu'a vostre propre generosité. Voila, monsieur, quels sont les sentimens d'une personne qui aura beaucoup de ioye, si vous voules bien qu'elle ait l'honneur d'estre toute sa vie, monsieur, vostre tres humble, tres obligée et tres obeissante servante,

MADELEINE DE SCUDERY.

AU MÊME.

Mercredy, avril 1664.

MONSIEUR,

Ie vous suplie tres humblement de me vouloir pardonner mes importunités et la liberté que ie prands de vous demander l'honneur de vostre protection pour un placet que ie man vay presenter au Roy, tendant a luy demander la liberté de voir mon pauvre fils, lequel a grand besoin de mes soins. I'ay desia, monsieur, esprouvé vostre generosité en une parelie rancontre dont ie conserveray le ressentiment toute ma vie, et vous proteste fort sincerement, monsieur, que ie nabuse iamais de la grace qu'il vous pleut de me faire, que sy des esprits mal tornés ont voulu vous persuader du contraire, vous estes trop esclairé, monsieur, pour ne pas distinguer leur malice, et trop equitable pour ne pas croire, que i'ay une extrême recognoissance de toutes vos bontés, et que ie suis avec plus de respect que personne du monde, monsieur, vostre tres humble et tres obeissante servante,

Fontanier, mere de Pellison.

AU MÊME.

Paris, le 14 juillet 1664.

Monsegneur,

Je feus contrainte de me retirer de Fontenebleau le jour apres moistre donné l'honneur de vous voir, a cause que mon indisposition my reprit, laquelle me continue ancore; iose donc vous suplier tres humblement, monsegneur, davoir la bonté de dire au porteur de se biliet, si vous mavez faict la grace de ieter les yeux sur mes papiers, et dordonner mon rambourcement, comme ie ne doute pas que vous ne le trouviez estre bien iuste sy vous me faistes l'honneur, monsegneur, de vouloir considérer les clauses de ma quitance; iespere tout de vostre equité, et vous asseure que ie fais sans cesse, des vœux au ciel pour vostre prosperité, et toute avec la mesme ardeur, que ie seroy toute ma vie, monsegneur, vostre tres humble et tres obéissante servante,

Fontanier, mere de Pellisson.

A SAINT-MARS,

COMMANDANT LA CITADELLE DE PIGNEROL.

Paris, ce 17 janvier 1665.

Monsieur,

Le *dupplicata* de l'estat et de l'ordre que j'aie xpediez, vous aprendront qu'il a esté pourveu au payement durant le premier mois de la nourriture de monsieur Foucquet, des gages de son vallet, de vos appointemens, de ceux de vos quatre lieutenans et des sergens et soldats de vostre compagnie. Vous recevrez ce fonds au premier jour, et vous prendrez s'il vous plaist, la peine de me marquer le jour dont vous aurez esté chargé de la garde du dict Sieur Foucquet, afin que je puisse faire le compte juste pour régler vos payemens au commencement de chaque mois.

Je suis, monsieur,
Votre tres affectionné serviteur,

De Louvois.

A SAINT-MARS.

Paris, le 23 janvier 1665.

Monsieur,

La lettre que vous avez pris la peine de m'escrire le x de ce mois, m'a appris vostre arrivée à Pignerol, et vos diligences pour mettre le donjon en estat de recevoir monsieur Foucquet. Je ne suis point surpris d'aprendre que les sieurs Falcombel et Damorezan vous ayent offert leurs bources et leurs assistances; l'un est un ancien ami de monsieur Le Tellier, et l'autre une personne qui sert fort bien le Roy. Vous estes a present chargé de la garde de monsieur Foucquet, et je m'assure que je recevray au premier jour de vos nouvelles, sur la manière dont vous l'avez logé, et que vous avez estably la garde de sa personne.

Dans la lettre que je vous escrivis, il y a, ce me semble, aujourd'huy huit jours, je vous adressé le dupplicate dun estat que j'ay expedié pour le payement durant le premier mois de vostre compagnie, et de la nouriture de monsieur Foucquet, et dans celle cy vous en trouverez un autre pour le mois suivant, je m'apliqueray avec tant de soin a pourvoir à vostre subsistance, que vous ne manquerez point d'argent.

Je suis, monsieur,
Vostre tres affectionné serviteur,

De Louvois.

A SAINT-MARS.

Paris, 29 janvier 1665.

Monsieur,

Nous avions desja appris par un lettre de monsieur d'Artaignan, lorsque j'ay receu la vostre du 16 de ce mois, que monsieur Foucquet vous avoit esté remis dans le donjon de la citadelle de Pignerol. Je crois que le choix que vous avez fait du confesseur, que vous me marquez, est bon, mais il ne sera pas mal a propos d'observer sa conduitte.

Vous aurez, s'il vous plaist, soin de donner de vos nouvelles icy touttes les semaines, et quand mesme vous n'auriez rien à mander, vous ne debvez pas laisser d'escrire.

Je suis, monsieur,
Vostre tres affectionné serviteur,

De Louvois.

A SAINT-MARS.

Paris, ce 10 febvrier 1665.

Monsieur,

Vostre lettre sans datte m'a esté rendue le 3ᵉ de ce mois. Je ne doubte point que monsieur Foucquet ne fust bien aise de recevoir des lettres de madame sa femme, et de luy faire response; mais auparavant, il faut que le Roy le veuille, et je n'y vois point, quant a présent, de disposition. Comme il n'est pas impossible qu'ils ne tentent la voye de s'escrire sans la permission de Sa Majesté, c'est à vous à veiller à ce que ceux qui l'aprochent ne se laissent pas corrompre, et que quand mesme quelqu'un auroit assez de bassesse pour cela, il ne pust exécuter son mauvais dessein. Vous congnoissez la disposition de vostre logement, et les personnes qui sont commises soubz vos ordres à la garde de monsieur Foucquet, et vous pouvez mieux juger que qui que ce soit, ce qu'il y a à faire pour prevenir cet inconvénient. Cependant il est nécessaire que vous empeschiez qu'il n'ayt ni plume ni encre.

Je suis, monsieur,
Vostre tres affectionné serviteur,

De Louvois.

AU MÊME.

Paris, le 20 febvrier 1665.

Monsieur,

J'ay reçeu vostre lettre du 31 du mois passé; si les douze cens livres qui vous ont esté données ne suffisent pas pour meubler la seconde chambre de monsieur Foucquet, vous pouvez y adjouster ce qu'il faudra, et sur le mémoire que vous m'en envoyerez, aussy bien que de la despense de son habit, je croy que le Roy trouvera bon de pourvoir à un suplément de fonds.

Le confesseur que vous avez choisy pour luy, a des talens qui ne doibvent pas donner beaucoup de subject de craindre qu'il lie quelque négociation contraire au service de Sa Majesté. Vous ne sauriez manquer de faire observer la conduitte de cet ecclesiastique pour reconnoître si les aparences ne sont point trompeuses.

Vous trouverez ci-jointe, une depesche du Roy, par laquelle il est ordonné à M. de la Bretonnière de faire sortir de la ville de Pignerol, l'homme dont vous vous deffiez; comme vous ne m'avez pas marqué son nom, j'ay esté obligé de le laisser en blanc dans la lettre de Sa Majesté; mais vous observerez, avant que de la rendre au dit sieur de la Bretonnière, de la remplir, ou bien de luy désigner si bien cet homme, que l'on ne prenne point un autre pour luy.

Suivant ce que vous promettez, il y a lieu d'espérer que vostre compagnie sera fort belle et fort bonne, et le Roy a toujours bien cru que vous employeriez utilement l'argent que sa Majesté vous a donné pour cela.

Je suis toujours avec verité, monsieur,

Votre tres affectionné serviteur,

De Louvois.

AU MÊME.

Paris, le 24 febvrier 1665.

Monsieur,

Je voy par vostre lettre du 7 de ce mois, que vous avez jugé a propos de donner pour confesseur à monsieur Foucquet, un prestre françois, qui est demeurant chez le commissaire Damorezan. Si vous le croyez homme de bien, vous pouvez le maintenir dans cette fonction, si non, vous avez la liberté de changer d'ecclesiastique touttes les fois que monsieur Foucquet se voudra confesser.

Je suis, monsieur,
Vostre tres affectionné serviteur,
De Louvois.

AU MÊME.

Paris, ce 3 mars 1665.

Monsieur,

Vostre lettre du 10 de ce mois (1) m'a esté rendue, et m'apprend ce qui regarde monsieur Foucquet; si celuy de ses domestiques qu'on vous a dit estre dans la ville de Pignerol ne se trouve pas, l'ordre que je vous ai envoyé deviendra inutile pour cette fois, mais il pourra vous servir, s'il y revient, ou quelqu'autre de mesme qualité.

Il n'y a point de difficulté a donner en mesme temps deux livres à monsieur Foucquet pour s'occuper de la lecture. Ce que vous avez à faire observer, est, que ceux de qui vous les prendrez, ne scachent point que ce soit pour luy, et que vous les visittiez ou fassiez visitter, avant que de les luy donner.

Je suis, monsieur,
Vostre tres affectionné serviteur,
De Louvois.

---

(1) On crut avoir écrit *du mois passé*.

AU MÊME.

Paris, le 15 mars 1665.

Monsieur,

J'ay reçeu vos lettres des 21 du mois passé, et 7 du courant, et avec la première un mémoire de la despense que vous avez faite pour les meubles, les habits et le linge de monsieur Foucquet. Il est juste de pourveoir au remboursement des advances que vous avez faites, aussy trouverez-vous le dupplicata d'un ordre que j'ay expedié pour vous faire payer la somme de dix-sept cens quarante livres, qui, avec les deux mil sept cens livres qui vous ont esté données en partant, fournissent à tout ce qui vous est deub, tant pour les despenses cy-dessus marquées, que pour la chapelle et la levée de vostre compagnie; et, quoy qu'elle n'ayt esté mise sur pied que long temps après vostre arrivée à Pignerol, néantmoins Sa Majesté a bien voulu vous accorder la grace de la faire payer a commancer dez le premier janvier, et, par ce moyen, vous avez de quoy bien armer et vestir vos soldats.

Vous trouverez ci-joint le dupplicata de l'estat et de l'ordre que j'ay expediez pour le payement de la subsistance durant le mois courant, et le prochain de vostre compagnie, et de monsieur Foucquet, et vous en recevrez le fonds dans tres peu de temps.

Je suis, monsieur,
Vostre tres affectionné serviteur,

De Louvois.

AU MÊME.

Paris, ce 17 avril 1665.

Monsieur,

Si le valet que vous avez donné à monsieur Foucquet tombe malade, vous pourrez employer à le servir qui bon vous semblera, et ce sera à vous, qui este chargé de sa garde, de choisir une personne fidèle.

Jusques ici, vous avez esté payé par advance de la nourriture de monsieur Foucquet, de vos appointmens et de la subsistance de vostre compagnie; j'auray soin de continuer à en uzer de la mesme sorte, et présentement vous trouverez cy-joint le dupplicata de l'estat que j'ay expedié pour le mois prochain.

Je suis, monsieur,
Vostre tres affectionné serviteur,

De Louvois.

AU MÊME.

Saint-Germain, ce 24 avril 1665.

Monsieur,

Les lettres que vous avez pris la peine de m'escrire les 28 du mois passé et 11 du courant, m'ont esté rendues. L'on est bien ayse icy de voir que l'ecclésiastique que vous avez choisi soit de l'humeur que vous marquez. Vous ne sauriez mieux faire que de l'entretenir dans les sentimens où il est, et de luy promettre que Sa Majesté reconnoistra ses services; et certainement après les précautions que vous prenez, il semble que ce soit le seul homme qui puisse luy donner des nouvelles, s'il estoit assez infidelle pour le faire.

Après ce que cet ecclésiastique vous a dit, vous avez eu raison de croire que monsieur Foucquet desire se confesser, plus pour aprendre des nouvelles, que toutte autre chose; et Sa Majesté, qui est bien aise qu'il n'en abuse pas, souhaitte que vous ne luy donniez cette permission que touttes les quatre bonnes festes de l'année, et le jour de la Nostre Dame d'aoust; que, s'il luy survenoit quelque maladie dangereuse dans l'intervalle, vous pourriez luy permettre de se confesser. Il vaut beaucoup mieux achepter qu'emprunter des livres pour luy, et il est raisonnable de luy donner une habit d'esté.

Vous pouvez employer l'argent qu'il conviendra pour cette despense, et vous en serez remboursé.

Lorsqu'il vous demande des lunettes d'aproches, il a vraysemblablement dessein de s'en servir à quelque chose qui est contre le service de Sa Majesté, aussy ne veut-elle pas que vous luy en fournissiez, et il sera bon que vous continuyez à luy dire que vous n'en avez point.

Je suis, monsieur,

Vostre tres affectionné serviteur,

De Louvois.

Le Roy a trouvé bon d'accorder l'augmentation d'un sergent et de dix soldats à vostre compagnie, qui, par ce moyen, sera composée de trois sergens et de soixante soldats, sans les grands officiers, et elle sera entrenue sur ce pied là, à commencer du premier jour de may.

De Louvois.

AU MÊME.

Saint-Germain en Laye, ce 8 juin 1665.

Monsieur,

Vostre lettre du 23 du mois passé m'a esté rendue; il estoit bien à propos de faire sortir de la ville de Pignerol les deux domestiques de monsieur Foucquet qui s'y estoient rendus; et il sera bon, pour esvitter tout inconvénient, que, quand vous en descouvrirez quelques autres, vous les obligiez aussy a se retirer.

Lorsque vous m'aurez envoyé un mémoire de l'argent que vous aurez desboursé pour l'habit d'esté de monsieur Foucquet, je vous en feray payer, et cependant je vous adresse le dupplicata de l'ordre que j'ay donné au trésorier de l'extraordinaire, pour vous payer la solde, durant le mois passé et le courant, du sergent et des dix soldats dont Sa Majesté a résolu de fortiffier votre compagnie.

Je suis, monsieur,
Vostre tres affectionné serviteur,

De Louvois.

AU MÊME.

Saint-Germain en Laye, ce 18 juin 1665.

Monsieur,

Par la lettre que vous avez pris la peine de m'escrire le 6 de ce mois, j'apprends que vostre exactitude n'est pas agréable à monsieur Foucquet ; il faut faire son debvoir, et laisser parler ceux qui y trouvent à dire.

Je vous envoye le dupplicata de l'estat que j'ay expedié pour le payement de la nourriture du dit sieur Foucquet, de vos appoinctemens et de la solde de vostre compagnie, durant les mois de juillet et d'aoust prochains.

Je suis toujours, monsieur,
Vostre tres affectionné serviteur,

De Louvois.

AU MÊME.

Saint-Germain en Laye, ce 29 juin 1665.

Monsieur,

Sur l'advis que vous et monsieur de la Bretonnière avez donné au Roy, par les lettres dont vous avez chargé le sieur d'Aartaignan, de l'accident arrivé dans la citadelle de Pignerol par le feu du ciel, Sa Majesté a pris résolution de faire conduire monsieur Foucquet dans le fort de la Perouse pour y estre desormais détenu, et de pourvoir à tous les besoins de la citadelle. La depesche de Sa Majesté, que je vous adresse, vous aprendra ce que vous avez à faire en cette occasion, et je m'y remets entièrement. Je vous recommande seulement, l'exécution de ce que Sa Majesté vous ordonne, et je me persuade que vous n'y obmettrez aucuns soins.

Comme la pluspart des meubles de monsieur Foucquet qui se trouvent enveloppez dans les ruines du donjon, ne sont plus en estat de servir presentement, et qu'il faut du temps pour en avoir d'autres, vous pouvez demander à monsieur Falcombel et au commissaire Damorezan ceux dont vous aurez besoin, ils vous les fourniront volontiers, et celuy cy prendra soin de les faire voiturer au fort de la Perouze dans le temps que vous concerterez ensemble. Cependant vous prendrez, s'il vous plaist, la peine de m'envoyer un mémoire qui contienne ce qui aura esté perdu des meubles, des habits, des hardes et de la batterie de cuisine du dit sieur Foucquet, et ceux qu'il luy faudra achepter; ce que vous aurez perdu de vos meubles et hardes dans la mesme occasion, les dommages qu'a soufferts vostre compagnie, et ce qu'il convient faire pour les reparer; et, apres que je l'auray leu au Roy, Sa Majesté fera pourvoir au fonds necessaire pour fournir à la despense qui sera necessaire a cet effect.

Je vous feray tenir au premier jour les quatre cent trente-une livres que vous avez despensées pour un habit que vous avez fait faire à monsieur Foucquet, et pour des livres que vous luy avez acheptez.

Je suis toujours, monsieur,

Vostre tres affectionné serviteur,

DE LOUVOIS.

29 juin 1665.

Capitaine St.-Mars, j'ay appris par les lettres dont

vous avez chargé le courrier que vous m'avez depesché, l'incendie arrivé dans l'un des magasins à poudre de ma citadelle de Pignerol, et le désordre qu'il a causé dans tous les logemens, tant de la citadelle que du donjon où Foucquet, cy devant surintendant de mes finances, estait détenu par mon ordre; et comme vous marquez qu'il n'y reste aucun logement entier, et qu'en attendant que vous ayez receu mes ordres, vous avez faict dessein de mettre le dict Foucquet dans une des maisons de la ville de Pignerol que vous choisirez pour cet effect, j'ay résolu de faire restablir au plustôt, les logemens de la dicte citadelle et donjon de Pignerol, et de les faire remettre en estat que le dict Foucquet y puisse estre détenu avec la mesme sureté qu'il la esté jusques à present; et pour cet effect, j'ay donné mes ordres à Levé, l'un de mes architectes ordinaires, de se rendre en toutte diligence au dict Pignerol, pour y faire travailler sans perte de temps, à réparer les bâtimens qui y ont esté endommagez; mais par ce que l'on ma assuré, que quelque diligence que l'on puisse aporter à l'exécution de ce qui est en cela de mon intention, il se passera un temps tres considérable avant que les dicts ouvrages soyent en leur perfection, et que cependant le dict Foucquet pourroit difficilement estre tenu dans une maison particulière avec la sureté convenable : j'ay résolu de le faire transférer dans le fort de la Perouze, pour y estre par vous gardé jusques a nouvel ordre, et en la manière que je vous ay prescript lorsque vous estes party d'auprès de moy; de quoy j'ay bien voullû vous donner advis par cette lettre, et vous dire que comme il se pourra faire que les logemens du dict fort de la Perouse, ne seront pas en l'estat convenable pour la commodité et seureté de la garde du dict Foucquet : j'ay ordonné au dict Levé de visiter le dict fort de la Perouse, et de faire promptement travailler aux ouvrages et réparations que vous estimerez y debvoir estre faictes tant au logement que vous destinerez au dict Foucquet, qu'à celuy que vous voudrez occuper, ou faire occuper par les officiers ou soldats de vostre compagnie.

Que pour cet effect, vous envoyiez par advance celuy de vos officiers qui sera le plus capable, pour recongnoître l'estat des lieux, et vous en faire le rapport afin qu'en estant informé vous puissiez plus distinctement expliquer au dict Levé vos intentions sur ce que vous estimerez y debvoir estre faict.

Que lors que le dict fort sera en l'estat, que vous l'aurez concerté avec le dict Levé, vous remettiez au sieur de la Bretonnière, mon lieutenant au gouvernement de Pignerol, ma despesche qui sera ci-jointe, par laquelle je luy ordonne de laisser sortir le dict Foucquet de la dicte ville et citadelle de Pignerol, avec la compagnie que vous commandez.

Qu'en suitte vous transferiez le dict Foucquet dans le dict fort de la Perouze, vous faisant escorter par les officiers et soldats de vostre compagnie, et vous servant pour cet effect de la voiture que vous estimerez la plus convenable, eu esgard à la difficulté des chemins.

Qu'en cas que vous ne croyez pas pouvoir conduire le dict Foucquet du dict Pignerol à la Perouze en toutte seureté avec vostre compagnie seule, vous demandiez au dict sieur de la Bretonnière, le nombre d'hommes et d'officiers dont vous estimerez avoir besoin, lequel vous les fera fournir en vertu de ma dépesche qui sera aussy cy-joincte.

Et, comme il se pourroit faire, que dans le temps que l'on employera pour mettre le dict logement du dict fort de la Perouze en estat de recevoir le dict Foucquet, vous n'auriez pas encore pû restablir vostre compagnie à la rendre complette du nombre de soixante hommes, je vous adresse une dépesche, par laquelle j'ordonne au dict sieur de la Bretonnière de faire destacher d'une compagnie d'infanterie, qui sont en garnison dans la dicte ville de Pignerol, le nombre d'hommes qui vous manquera, lesquels je trouve bon que vous gardiez jusques à ce que vous les puissiez remplacer.

Et, par ce que je ne désire pas que dans le dict fort de la Perouze, personne ayt aucun ordre à vous donner, et que je veux bien me reposer entièrement sur vous de la garde de la dicte place, et de celle du dict Foucquet, j'escris au sieur marquis de Piennes, ou en son absence à celuy qui se trouvera commander dans le dict fort de la Perouze, de vous remettre la dicte place, et aux officiers qui commandent la compagnie qui y est en garnison, de vous recongnoître, et de vous obéir en tout ce que vous pourrez leur commander pour mon service.

Mais, comme suivant le rapport qui m'a esté faict, il se pourra faire que la dicte compagnie ne vous sera pas nécessaire pour la seureté du dict Foucquet et du dict fort, je faicts aussy joindre à cette dépesche, mes ordres pour faire retourner la dicte compagnie à Pignerol, desquels vous vous servirez en cas que vous estimiez que le nombre de soixante hommes, dont vostre compagnie est composée, soit suffisant pour la seureté de la dicte place et du dict Foucquet; si non, vous me les renvoyerez, et employerez les officiers et soldats de la dicte compagnie à la garde de la dicte place et du dict Fouquet, comme il est dict cy-dessus.

Et, afin de n'obmettre aucune des choses qui pourront vous estre nécessaires pour la dicte seureté, tant pendant la marche, que durant le séjour que vous ferez dans le dict fort : je vous adresse mes ordres pour faire destacher trente gens darmes de la compagnie de la Reyne, mon espouse, commandez par un brigadier; les faire aller à Pignerol pour servir à l'escorte du dict Foucquet jusques au fort de la Perouze; les faire loger au bourg du dict la Perouze, et y demeurer pendant le temps que vous en aurez besoin; et durant y celuy s'employer à tout ce que vous leur ordonnerez pour mon service, la conservation de la dicte place, et la seureté du dict Foucquet; et mon intention est que vous envoyez mes ordres à la dicte compagnie de gens darmes pour le destachement des dicts trente gens darmes commandez dans le temps qu'il conviendra pour faire qu'ils se rendent à Pignerol précisément au jour que vous debvrez faire partir le dict Foucquet pour aller au dict de la Perouze; et que, si lors qu'il y sera arrivé, ou quelque temps après, vous estimiez que les dictes gens darmes ne vous soyent plus nécessaires, vous les renvoyez rejoindre leur compagnie en vertu des ordres que je vous adresse pour cette fin.

Que comme j'ay apris que l'artillerie qui est au dict

fort de la Perouze n'est pas en l'estat nécessaire pour servir, je faicts donner ordre au sieur de Cron, commissaire provincial de l'artillerie à Pignerol, de la faire restablir et de faire voicturer incessamment au dict fort de la Perouze la quantité de munitions que vous luy demanderez, et au commissaire Damorezan d'y faire voicturer aussy jusques à trente septiers de farine pour vous mettre en estat d'en pouvoir fournir à vostre garnison, en cas que par des accidents, qui ne se peuvent prévoir, vous ne pûssiez recouvrer des vivres de dehors la dicte place; je faicts aussy donner ordre au dict de Cron de vous délivrer jusques à soixante mousquets pour l'armement de vostre compagnie desquels je trouve bon que vous vous serviez jusques à ce que vous en ayez pû recouvrer un pareil nombre, après quoy je desire que vous les fassiez remettre dans les magasins de la dicte citadelle.

Et par ce que personne ne peut mieux scavoir que vous la manière et la forme suivant la quelle les bastimens ou logeoit le dict Foucquet dans ma dicte citadelle de Pignerol, doibvent estre réparés tant pour sa seureté, que la commodité de sa garde, j'ay donné ordre au dict Levé de prendre vos advis sur ce qui est à faire aux dicts bastimens du dict donjon, et de s'y conformer, et je désire que vous les luy donniez avant que de partir du dict Pignerol afin que rien n'arreste le travail qui y sera à faire. Cependant, je vous recommande de continuer à garder le dict Foucquet en la manière que je vous ay ordonné, en sorte qu'il n'aye communication avec qui que ce soit de vive voix ni par escrit, et la présente n'estant pour autre fin, je prie Dieu qu'il vous aye en sa sainte garde.

Louis.

Le Tellier.

Escrit à St.-Germain en Laye, le 29e jour de juin, 1665.

Depuis la présente escripte, ayant estimé plus à propos d'adresser directement d'icy mes ordres aux trente gens darmes de la compagnie de la Reyne pour aller incessamment à Pignerol afin d'escorter Foucquet au fort de la Perouze et s'employer à tout ce que vous leur ordonnerez ainsy qu'il est dict cy-dessus, vous ne trouverez cy-joint que les dépesches pour les faire retourner joindre leur compagnie, lorsque vous jugerez n'en avoir plus besoin.

Louis.

Le Tellier.

DE PAR LE ROY.

Sa Majesté ordonne à la compagnie d'infanterie franche de Saint-Mars qui est dans la citadelle de Pignerol, d'en partir aussy tost le présent ordre reçeu, pour s'acheminer à la Perouze, servir d'escorte par les chemins à Foucquet que Sa Majesté faict conduire au fort du dict la Perouze, et, lorsqu'elle y sera arrivée, y demeurer en garnison et, s'employer à la garde du dict Foucquet tout ainsy qu'elle a faict dans la citadelle de Pignerol.

Louis.

Le Tellier.

Fait à St-Germain en Laye, ce xxix juin 1665.

INÉDITE.

AU MÊME.

A Saint-Germain en Laye le 29 juin 1665.

MONSIEUR,

J'ay reçeu la lettre que vous m'avez escrite par le sieur d'Artaignan que vous avez dépesché icy sur l'accident qui est arrivé à Pignerol. Le Roy a esté bien fasché de la perte de tant de gens, mais comme ce sont des coups ausquels les précautions humaines sont inutiles, Sa Majesté a donné ses soins pour ce qui peut dépendre d'elle, pour la réparation des ruines en i envoyant le sieur Levé sur les lieux pour y mettre promptement la main. Cependant, je puis vous asseurer qu'elle est très contente de vostre application et de vostre vigilance, et que je vous temoigneray tousjours avec plaisir que je suis véritablement, Monsieur, vostre très humble et très affectionné serviteur,

COLBERT.

AU MÊME.

A Saint-Germain en Laye ce 10 juillet 1665.

MONSIEUR,

La lettre que vous avez pris la peine de m'escrire le 27 du mois passé m'apprend que vous avez choisi la maison du commissaire Damorezan pour loger monsieur Foucquet comme la plus comode de la ville de Pignerol, et que vous prenez vos précautions pour l'y tenir en seureté. Monsieur de la Bretonnière n'a pas eu raison de tesmoigner de la froideur lorsque vous avez eu besoin de son assistance après le désordre arrivé dans le donjon. Je luy adresse présentement une dépesche de Sa Majesté par laquelle il luy est marqué de contribuer tout ce qui pourra dépendre de luy pour la comodité et la seureté de monsieur Foucquet, et je m'asseure qu'elle l'eschauffera et le fera changer de conduitte.

Je suis, monsieur,
Vostre très affectionné serviteur,

DE LOUVOIS.

AU MÊME.

A Saint-Germain en Laye ce 14 juillet 1665.

MONSIEUR,

L'on convient avec vous que monsieur Foucquet a esté très heureux d'avoir esté conservé dans un si grand désordre que celuy qu'a produit le tonnerre et la poudre dans le donjon du chasteau de Pignerol, et vous aviez beaucoup de subject de croire que luy et son valet estoient ensevelis dans les ruines.

Je ne puis vous faire scavoir la résolution que le Roy prendra pour l'achapt des meubles, et des hardes de monsieur Foucquet, ni pour vostre désintéressement de ce que vous avez perdu, jusques à ce que j'aye de vos nouvelles sur les lettres que le sieur d'Artaignan vous a rendues de ma part; cependant je vous assure que je suis tousjours, monsieur, vostre très affectionné serviteur,

De Louvois.

AU MÊME.

A Saint-Germain en Laye le 26 juillet 1665.

Monsieur,

J'ay receu vos lettres des 8 et 15 de ce mois et une autre sans datte avec des billets escrits par M. Foucquet, et avec un livre. Le Roy a veu le tout, et n'a pas esté surpris de voir qu'il fasse son possible pour avoir des nouvelles, et vous vos efforts pour empescher qu'il n'en reçoive. Comme il se sert pour escrire de choses qu'on ne lui peut oster, comme d'os de chapon pour faire une plume, et de vin avec de la suye pour faire de l'ancre, il est bien difficile d'aporter un reméde efficace pour l'en empescher, néantmoins vous avez subject de vous plaindre du valet que vous avez mis auprez de luy, de ce qu'il a escrit non seulement les papiers que vous m'avez envoyez, mais encore ceux qui estoyent dans le dossier de sa chaise, sans qu'il vous en ayt adverty. Vous debvez l'exhorter à être plus fidelle désormais, et comme quelque chose que fasse monsieur Foucquet pour faire des plumes, et composer de l'ancre, cela luy sera fort inutile s'il n'a point de papier, le Roy trouve bon que vous le fouilliez, que vous luy ostiez tout ce que vous luy en trouverez et luy fassiez entendre que, s'il s'avise de faire de nouveaux efforts pour corrompre vos gens, vous serez obligé de le garder avec bien plus de seureté et de le fouiller tous les jours. Il faut que vous essayez de scavoir du valet de monsieur Foucquet comment il a escrit les quatre lignes qui ont paru dans le livre en le chauffant, et de quoy il a composé cette escriture.

J'aprends par vos lettres que vous espérez d'aller dans quinze jours au fort de la Perouze, mais vous ne me mandez point si vous y laisserez avec vostre compagnie celle qui y est en garnison, ou si vous l'envoyerez à Pignerol; je vous prie de m'en esclaircir.

Le Roy trouve bon que vous acheptiez tous les meubles qui sont absolument nécessaires à monsieur Foucquet; mais Sa Majesté desire qu'ils soient au plus bas prix qu'il se pourra. Elle trouve bon que vous luy acheptiez aussy le linge et les habits qui luy seront nécessaires, et quand le tout sera fait, vous prendrez la peine de m'envoyer un estat de la despense que vous aurez faite et un mémoire de ce que vous avez perdu; de ce que vous aura cousté le restablissement de vostre compagnie, de ce que vous aura cousté aussy pour remplacer vos hardes qui ont esté endomagées, et à vos lieutenans pour leurs meubles; après quoy vous pourrez rendre au commissaire Damorezan tous les meubles qu'il vous a prestez.

Je suis, monsieur,
Vostre très affectionné serviteur,

De Louvois.

AU MÊME.

A Saint-Germain en Laye ce 7 aoust 1665.

Monsieur,

Vostre lettre du 25 du mois passé m'a appris que vous avez renvoyé en Dauphiné les gens darmes qui avoient esté destachez de la compagnie de la Reyne. Le Roy l'a approuvé, puisqu'ils ne vous estoient pas nécessaires pour la garde de monsieur Foucquet.

Il n'y a point de difficulté de faire faire des assiettes et une sallière des deux flambeaux de monsieur Foucquet qui ont esté brisés, et vous pouvez luy donner cette satisfaction.

Je suis, monsieur,
Vostre très affectionné serviteur,

De Louvois.

AU MÊME.

A Paris le 21 aoust 1665.

Monsieur,

Vos lettres des premier et 8 de ce mois m'ont esté rendues avec les deux plumes et le morceau de papier dont vous avez trouvé saisy monsieur Foucquet. Il est à propos que vous veilliez soigneusement à ce qu'il ne puisse écrire, et à obliger son valet à vous estre fidèle, sans quoy il y a bien de l'apparence que vous pourrez estre trompé.

J'attends le mémoire de despense que je vous ay demandé et que vous me promettez, et dès que je l'auray reçeu, j'en rendray compte au Roy, et il sera pourveu à vostre remboursement. Puisque la compagnie qui est en garnison à la Perouze, vous est inutile pour la garde de monsieur Foucquet, vous pouvez la faire aller à Pignerol en vertu des ordres qui vous ont esté adressez. Cependant, je vous envoye le dupplicata de l'estat du payement de la subsistance durant le mois courant de vostre compagnie et de la nourriture du dict sieur Foucquet dont le fonds vous sera incessamment deslivré.

Je suis tousjours, monsieur,

Vostre très affectionné serviteur,

DE LOUVOIS.

Vous m'avez cy devant mandé que vous aviez trouvé dans le dossier de la chaise de monsieur Foucquet plusieurs papiers, et que vous me les envoyeriez, je vous prie de vous souvenir de me les faire tenir; le Roy souhaitte de les voir.

AU MÊME.

A Paris ce 29 aoust 1665.

MONSIEUR,

L'on a esté bien ayse d'apprendre par vostre lettre du 15 de ce mois que monsieur Foucquet ayt esté conduit au fort de la Perouze, et l'on est bien persuadé que par les soings que vous apporterez, il y sera gardé fort seurement, et qu'il n'escrira, ny recevra aucunes lettres. Vous avez bien fait de faire sortir du dit fort la compagnie qui y estoit en garnison, puisqu'elle vous est inutille.

Je suis, monsieur,

Vostre très affectionné serviteur,

De Louvois.

A COLBERT.

Mardy, septembre 1665.

Monseigneur,

Cet malgré moy qu'il faut que ie vous sois encore inportune, et ie vous en demande mille fois pardon, mais monseigneur le moyen de vous pouvoir plus long tans cacher mon extreme douleur! Mon pauvre fils est sy malade a la Bastille qu'il est en dangé dy perdre la vie; il est depuis plus de huit mois percecuté d'une flucction sur le pulmon, laquelle aumangte tous les iours, et les remaides que lon y veut aporté ne font que liriter. Il est apresant reduit a lussage du lait danesse sy son estomac le peut suporté, cete grande solitude ou il vit despuis fort long tans, est du tout contraire a ses sortes de maux. vous scaves monseigneur, quelles tendresses lon a pour ses enfans, sur tout lors que lon les en croit dignes, ie nose pourtant vous rien demander, de peur de vous desplaire, mais ie vous suplie tres humblement, et avec tout le respect que ie vous dois, que, prenant compasion de moy vous degniés faire quelque reflection sur ce que ie souffre, sy vous me faictes cete grace, monseigneur, iespere que votre generosité ne permaitra pas que mon fils perise sy miserablement; il est un de vos plus obeissants serviteurs, ian suis fort asseurée, et il vous le temogniera mieux quelque iour. Pour moy ie seray toute ma vie avec une parfaite soubmission, monseigneur, vostre tres humble et tres obeissante servante,

FONTANIER mere de PELLISSON.

A SAINT-MARS.

Paris, le 12 septembre 1665.

MONSIEUR,

J'ay receu la lettre que vous vous estes donné la peine de m'escrire le 29e du mois passé avec le mémoire qui y estoit joignct des livres que M. Foucquet souhaite d'avoir, ceux que vous luy aviez faict donner ayant esté perdus dans les ruines des logemens de la citadelle de Pignerol : sur quoy je vous diray que vous me faictes plaisir de me donner de temps en temps des nouvelles de tout ce qui se passe, et que vous pouvez donner la bible et l'histoire de France, et me faisant scavoir ce qu'ils vous auront cousté, je pourvoiray à vous en faire rembourser.

Je suis, monsieur,

Vostre très humble, et très affectionné serviteur,

DE LOUVOIS.

AU MÊME.

Paris, ce 18 septembre 1665.

Monsieur,

J'ay reçeu avec la lettre que vous avez pris la peine de m'escrire le 22 du mois passé, le mémoire de l'argent que vous avez desbourcé pour l'achapt des hardes de monsieur Foucquet, et quelques autres petits frais, et celui de la perte ou de la despense que vous avez faite à l'occasion du désordre arrivé dans le donjon de la citadelle de Pignerol. Le roy en a eu connoissance, et Sa Majesté a eu bien agréable de pourvoir à vostre remboursement, des neuf cens quatre vingts seize livres que vous aviez advancées pour le dit sieur Foucquet, et de vous accorder deux mil livres par gratiffication pour le surplus. L'ordonnance que j'ay expediée sera acquittée au premier jour, et j'auray ensuitte le soin de vous en faire tenir le fonds; cependant je doibs vous dire que, comme le sieur d'Artaignan a reçeu icy une ordonnance, par laquelle Sa Majesté la fait payer fort honnestement de son voyage, il est juste qu'il vous rende les trente louis d'or que vous luy avez advancés.

Je suis, monsieur,
Vostre très affectionné serviteur,

De Louvois.

Cappitaine Saint-Mars, ayant résolu de faire tirer du fort de la Perouze une *moyenne* et un *faucon* qui sont à resfondre, et de les faire remplacer par deux pièces de pareil calibre, qui y sont voiturées de ma citadelle de Pignerol, je vous escrits cette lettre pour vous dire que vous ayez à faire délivrer à l'officier d'artillerie qui vous la rendra de ma part, et qui sera chargé des ordres de mon cousin le grand maître de l'artillerie, la dite *moyenne* et le dit *faucon* sans differer, et à recevoir au dit fort les dites pièces qui y seront voiturées de ma citadelle de Pignerol, et la présente n'estant pour autre fin, je prie Dieu qu'il vous ayt en sa sainte garde.

Escrit à Paris, le 9ᵉ jour d'octobre 1665.

Louis.

J'adjouste ce mot pour vous dire que mon intention est que vous ne laissiez point sortir de la Perouze les dits *Pictol*, *Querolles*, qui y doibvent estre conduits de Pignerol.....

Louis.
Le Tellier.

Cappitaine Saint-Mars, ayant veu par la lettre que vous avez escripte au sieur marquis de Louvois, Secrétaire d'estat, le 26 septembre dernier comme le vallet que vous aviez preposé pour servir Foucquet est tombé griesvement malade, je vous escrit cette lettre pour vous dire que je trouve bon que vous donniez un autre vallet au dict Foucquet, et qu'après que celui qui est malade sera guery, vous ayez à le laisser aller ou bon luy semblera, et la présente n'estant pour autre fin, je prie Dieu qu'il vous ayt en sa sainte garde.

<small>Escrit à Paris, le xie octobre 1665.</small>

       Louis.
       Le Tellier.

AU MÊME.

Paris, 15 octobre 1665.

Monsieur,

Après que la lettre que vous avez pris la peine de m'escrire le 26e du mois passé m'a esté rendue, j'ay fait connoistre au Roy que le vallet de monsieur Foucquet estoit tombé mallade, et que vous luy en aviez choisy un autre, qui sera plus fidelle que le premier. Sa Majesté a aprouvé ce que vous avez fait, et elle trouve bon que quand le vallet mallade sera guery, vous luy laissiez la liberté d'aller partout ou il desirera.

 Je suis toujours, monsieur,
  Vostre très affectionné serviteur,
       De Louvois.

AU MÊME.

Paris, ce 26 octobre 1665.

Monsieur,

J'ay reçeu vos lettres des 3 et 10 de ce mois. La résolution que vous prenez de differer à vous plaindre à monsieur Foucquet de ce qu'il veut corrompre le nouveau valet que vous luy avez donné a paru prudente, et le Roy estime que vous ne debvez point luy expliquer vos sentimens qu'après que vous aurez cru qu'il aura dit à son valet tout ce qu'il desire de luy, elle aprouve aussi que vous ayez refusé de luy donner un crayon.

Sur le tesmoignage que vous rendez des services, de la fidélité et du besoin de vos lieutenans, Sa Majesté a accordé à chacun d'eux une gratiffication de trois cens livres, et elle leur sera envoyée au premier jour.

Je suis toujours, monsieur,
Vostre très affectionné serviteur,

De Louvois.

AU MÊME.

Paris, ce 13 novembre 1665.

Monsieur,

Vous ne scauriez apporter trop de précautions pour empescher que monsieur Foucquet, n'escrive ou ne reçoive des lettres, et le Roy aprouvera toujours touttes celles que la raison voudra que vous pratiquiez pour vous empescher d'estre trompé; cependant Sa Majesté trouve bon que vous fassiez faire un habit d'hiver a monsieur Foucquet.

Sa Majesté veut bien accorder à quelques uns des *cadets* de vostre compagnie, deux enseignes qui restent à donner dans les troupes qu'elle fait présentement lever, prenez la peine de m'envoyer la liste de ceux que vous croirez les plus propres à estre officiers, et après que je l'auray leue à Sa Majesté, je vous feray sçavoir ceux qu'il luy aura plû de choisir.

Je suis toujours, monsieur,

Vostre très affectionné serviteur,

De Louvois.

A COLBERT.

Dimanche, 29 novembre 1665.

Monseigneur,

Je reçeus hier la signification d'une taxe de deux cents mille livres. Mon dessein est, si vous l'avez agréable, d'y faire une résponse qui marquera du moins mon respect et ma sousmission, et ce ne sera point sans me donner l'honneur de vous en envoyer la minutte auparavant : mais cependant, monseigneur, je ne puis m'empêscher de vous en dire un mot, ce qui pourroit promptement terminer mes maux, et me donner sujet de louer éternellement votre bonté. Tout ce que j'ay de bien estant désia entre les mains du Roy, ma prison ou ma liberté ne font rien au payement de cette somme ou d'une autre. S'il vous plaisoit, monseigneur, de me tirer d'icy, et m'accorder comme une grace insigne, quelques moments seulement d'audience hors de la foule, je suis certain que estant aussi généreux et aussi équitable que vous l'estes, vous seriez entiérement satisfait de moy, tant sur cet article que sur tous les autres, et quant à l'intérest des traittants, quel qu'il puisse estre sur une fortune aussi misérable que la mienne, j'offre dés cette heure, et ne m'en desdiray point, de signer avant que sortir de vostre présence, tout ce que vous trouverez juste de me commander. Mais ce ne sera là que ma seconde affaire. La première sera, monseigneur, de vous faire voir bien distinctement si je vous ay tousiours fort honoré, si je le fais encore, si vous devez croire que je le fasse à l'avenir. Que, si mon malheur plustost qu'aucune raison essentielle me prive encore de ce bien, je recevrois comme une faveur moindre, et toutesfois fort grande, que je pusse par vostre ordre, monseigneur, soubs quelque prétexte que ce fust, avoir icy un entretien particulier, soit avec monsieur Gomont, ou avec monsieur Foucaut, ou avec monsieur Berryer, ou avec monsieur Picon, ou avec quelque autre en qui vous prissiez confiance; il n'y en a point à qui l'on puisse parler comme à vous même, si l'on avoit l'honneur de vous approcher; mais on leur en dira tousiours assez peut-estre, pour mériter l'honneur de vostre protection : je vous le demande encore aussi instamment qu'il m'est possible, et suis avec toute sorte de respect,

Monseigneur,

Vostre très humble et très obéissant serviteur,

PELLISSON FONTANIER.

A SAINT-MARS.

A Paris, co 12 décembre 1665.

Monsieur,

Vos deux lettres des 14 et 21 du mois passé m'ont été rendues, avec le livre et les mouchoirs qui y estoient jointz. Le Roy approuve les dilligences que vous faictes pour oster à monsieur Foucquet toutes sortes de moyens d'escrire, ny de recevoir des lettres, et trouvera bon toutes les précautions que vous croirez debvoir prendre à l'advenir.

Comme Sa Majesté ne veult rien déscouvrir des sentimens de monsieur Foucquet, et qu'elle désire seullement qu'il n'ayt commerce avec qui que ce soit, elle n'estime pas qu'il soit bon de continuer le commerce qu'il avoit avec son premier valet, et vous pouvez le laisser partir d'auprès de vous, quand vous le jugerez à propos.

Il y a long-temps que j'ay pourveu au payement d'une somme de trois mille quarente-deux livres, sçavoir deux mille livres pour vous, et le surplus pour l'achapt de quelques habitz et linge pour monsieur Foucquet; et si je ne vous ay pas envoyé le dupplicata de l'ordre que j'ay donné au trésorier, c'est qu'il a payé icy cette partie à monsieur de Fontenelle, vostre parent, qui la luy a demandée de vostre part.

Je suis, monsieur,
Vostre très affectionné serviteur,
De Louvois.

AU MÊME.

A Paris, ce 18 décembre 1665.

Monsieur,

La lettre que vous avez pris la peine de m'escrire le 28 du mois passé m'a esté rendue, avec un nouveau mouchoir sur lequel il y a de l'escriture de monsieur Foucquet. Quoyque par ma précédente lettre je vous aye fait connoistre qu'il estoit inutile d'entretenir commerce entre lui et son valet, j'ay cru que je debvois vous le répéter, et vous confirmer que Sa Majesté ne se soucie pas de descouvrir ses sentiments, mais seulement d'empêscher qu'il ne reçoive des lettres ni n'en escrive.

Comme vous distinguez le sieur de Randin d'avec les autres cadets, marquez sur la liste que vous m'avez envoyée, il a esté choisy pour avoir une enseigne; le sieur de Bons l'a esté aussi, mais par hazard, pour avoir une pareille charge dans le régiment de Montpezat, ces deux cadets n'auront pas beaucoup de chemin à faire pour aller joindre leurs compagnies, puisqu'elles doibvent touttes deux tenir garnison dans la ville de Perpignan.

Je suis tousjours, monsieur,

Vostre très affectionné serviteur,

De Louvois.

AU MÊME.

A Paris, ce 25 décembre 1665.

Monsieur,

J'ay reçeu vos deux dernières lettres; elles m'obligent de vous dire que comme le Roy vous a chargé de la garde de monsieur Foucquet, Sa Majesté n'a pas de nouveaux ordres à vos donner pour empêscher qu'il ne s'esvade, ou ne donne et ne reçoive des lettres, et que c'est à vous à uzer de tous les moyens praticables pour esvitter l'un ou l'autre de ces inconvèniens, si bien que sur ce fondement vous pourrez le fouiller et faire ce que vous jugerez à propos.

Je suis, monsieur,
Vostre très affectionné serviteur,
De Louvois.

AU MÊME.

Saint-Germain en Laye, ce 26 janvier 1666.

Monsieur,

Vostre lettre du 9 de ce mois m'a esté rendue. Il n'y a point à doubter que vous ne debviez faire sçavoir ici les moindres choses qui se passent au subject de monsieur Foucquet, et lorsque vous croirez à propos de donner advis par advance de quelques précautions que vous voudrez prendre pour la garde de sa personne, vous le pouvez faire en toutte liberté, et Sa Majesté aprouvera tousjours vostre circonspection.

Je suis, monsieur,

Vostre très affectionné serviteur,

De Louvois.

AU MÊME.

Saint-Germain en Laye, ce 22 febvrier 1666.

Monsieur,

Vous trouverez cy-joinct le dupplicata d'un ordre que j'ay expédié, pour vous faire rembourser de la somme de seize cens quarante six livres, que vous avez advancées pour l'achapt des habits et du linge de monsieur Foucquet, et vous les recevrez par les soins du trésorier de l'extraordinaire des guerres, qui a ordre de vous les faire tenir.

Je suis, monsieur,

Vostre très affectionné serviteur,

De Louvois.

AU MÊME.

Saint-Germain en Laye, ce 3 mars 1666.

Monsieur,

Je crois qu'après la plainte que vous avez faite à monsieur Foucquet de ce qu'il séduisoit les valetz que vous lui donniez, il s'en abstiendra ; mais les gens qui sont dans la condition ou il se trouve, tentent toutes sortes de voyes pour parvenir à leurs fins ; et les gens qui sont chargez de leur garde doibvent prendre toutes sortes de précautions contr'eux pour s'empêscher d'estre trompez. Vous estes prudent et sage, et vous sçaurez si bien prendre vos mesures, que vous vous parerez contre tous les inconvéniens.

Je suis, monsieur,

Vostre bien humble et très affectionné serviteur

De Louvois.

AU MÊME.

Saint-Germain en Laye, ce 9 mars 1666.

Monsieur,

Vostre lettre du 20 du mois passé m'a esté rendue. Puisque les meubles qui ont servy à monsieur Foucquet dans la citadelle de Pignerol sont tous brisez, le Roy trouve bon que vous en acheptiez d'autres pour son usage, et Sa Majesté a destiné deux mille livres à cette déspense, qui vous seront envoyées par l'ordinaire prochain. Outre cela j'auray soin de vous faire tenir, et en très peu de temps, une somme de trois mille livres dont Sa Majesté a bien voulù vous gratifier, par un acquit patent que j'ay expédié.

Vous recevrez dans quelques jours des ordres du Roy pour conduire monsieur Foucquet dans la citadelle de Pignerol, lorsque les logemens qu'il doibt occuper seront faicts et meublés. Sa Majesté se remet à vous d'uzer de toutes les précautions que vous jugerez à propos pour la sureté du prisonnier, et pour luy oster toutes sortes de moyens de recevoir et d'escrire des lettres.

Je suis toujours, monsieur,

Vostre très affectionné serviteur,

De Louvois.

AU MÊME.

Versailles, ce 11 avril 1666.

Monsieur,

Je m'estonne que vous n'ayez pas encore receu la lettre que je vous ay escrite par laquelle je vous mandois les lieux ou estoyent en garnison les compagnies dans lesquelles deux cadets de vostre compagnie ont esté nommez enseignes ; mais, puisque je vois qu'elle ne vous a pas encore esté rendue, je vous répéteray par celle-cy que les dites compagnies ont eu ordre d'aller à Perpignan, et qu'aprésent elles y sont sans doubte arrivées.

Quoy que Sa Majesté soit entièrement en repos lorsque vous marquez dans vos lettres que touttes choses vont bien pour la garde de monsieur Foucquet, néantmoins, pour sa satisfaction particulière, il est à propos que vous vous estendiez d'avantage; elle sera bien ayse que de temps en temps vous mandiez icy de quelle manière vit le prisonnier; s'il suporte sa détention avec tranquillité ou avec inquiétude, ce qu'il dit, et ce qui se passe dans sa garde.

Je suis, monsieur,

Votre très affectionné serviteur,

De Louvois.

DE PAR LE ROI.

Trésorier général de l'Extraordinaire des guerres et cavalerie légère, monsieur François Lemaire, nous voullons et vous mandons que des deniers de vostre charge de la présente année, mesme du fonds faict en vos mains pour l'effect cy après, vous ayez à en envoyer en nostre ville de Pignerol la somme de deux mille livres, pour estre employée au payement des meubles que nous avons ordonné estre achetez pour meubler le logement où Foucquet, cy devant surintendant de nos finances, doibt estre détenu en nostre citadelle de Pignerol, suivant les ordonnances particulières du sieur de Saint-Mars, cappitaine de la compagnie d'infanterie, qui sert à la garde du dict Foucquet, raportant lesquelles, la présente et acquict sur ce suffisant, la dicte somme de notre trésor sera passée et allouée sur la déspense de vos comptes par nos amés et feaux conseillers les gens des comptes à Paris, ausquels mandons ainsy le faire sans difficulté, car tel est nostre plaisir

Donné à Saint-Germain en Laye, ce 22 avril 1666.

Louis.
Le Tellier.

A SAINT-MARS.

Saint-Germain en Laye, ce 21 may 1666,

Monsieur,

La lettre que vous avez pris la peine de m'escrire le premier de ce mois m'a esté rendue. Je vous ay, à la vérité, mandé que le Roy ne desiroit point sçavoir les sentimens de monsieur Foucquet par l'entremise du valet qui le sert ; mais, ce qui a donné lieu à ce que je vous ay marqué, est que l'on a appréhendé que par le commerce qu'il auròit avec lui, il ne le séduisist, et que le valet ne vous feist une fausse confidence ; vous pouvez, sans affectation, vous enquerir de luy de ce que fait monsieur Foucquet, et le mander icy, aussi bien que ce que vous en aprendrez par vous mesme.

Je suis, monsieur,
Vostre très affectionné serviteur,

De Louvois.

AU MÊME.

Fontainebleau, ce 4 juin 1666.

Monsieur,

J'ay receu vos lettres du 8 et 15 du mois passé. Vous faites bien d'entretenir quelque fois le confesseur de monsieur Foucquet de la fidélité qui est deube au Roy, et afin de le confirmer de plus en plus dans les bons sentimens ou vous croyez qu'il est; Sa Majesté a eu bien agréable de luy accorder une gratification de trois cens livres, que vous lui ferez recevoir, en vertu de l'ordre dont le dupplicata est cy-joinct.

Si la maladie de monsieur Foucquet continuoit, il seroit juste de le faire assister de médecins et de chirurgiens du pays, mais bien assurément le médecin Pecquet ne luy rendra jamais ses services, soit dans sa professsion, soit dans le mestier d'un simple valet.

Vous pouvez faire faire un habit d'esté et quelques autres hardes à monsieur Foucquet, et sur le mémoire de la déspense je pourveoiray à vostre remboursement.

Aprésent que le logement du dict sieur Foucquet dans la citadelle de Pignerol doibt estre en estat de le recevoir, il ne reste plus qu'à sçavoir de vous le temps dans lequel vous croyez qu'il doibt estre transféré. Vous me le ferez, s'il vous plaist, sçavoir, et je vous adresseray les ordres nécessaires à cette fin.

Le mauvais usage que quelques cappitaines d'infanterie ont fait du sol qu'ils retenoient par jour à leurs soldats, a fait prendre à Sa Majesté la résolution d'expédier par provision l'ordonnance du 21 avril ; mais après qu'elle leur a fait congnoistre qu'elle n'aprouvoit pas leur conduitte, elle a jugé à propos de leur donner de nouveau le pouvoir de retenir le sol à condition qu'ils feront fidellement le déscompte à leurs soldats. Je ne vous fais ce déstail, que pour vous informer des choses, puisque, quand les autres cappitaines debvroient exécuter présentement l'ordonnance du 21 avril, Sa Majesté vous en dispenseroit, et vous donneroit la liberté d'en user avec vos soldats comme vous avez accoustumé.

Des quatre cadets que vous avez proposez pour remplir l'enseigne de la compagnie de Rabugays, Sa Majesté a choisy Sergier, que vous avez nommé le premier; s'il n'est pas le plus capable, c'est un effect de sa bonne fortune, et il est juste qu'il en jouisse.

Je ne vous envoye point l'expédition de l'enseigne parceque vous ne me marquez pas le genre de vaccance. Ce que je puis vous dire est que le 10 novembre dernier le sieur Racoulet en a esté pourveu, que s'il est mort Sa Majesté peut disposer de la charge; mais s'il est vivant, et qu'on ayt cru que sa charge est vaccante parceque personne ne s'y est fait recevoir, je ne crois pas que Sa Majesté, en ce dernier cas, en puisse disposer, et il faudroit que le sieur Sergier attendist une autre occasion.

Je suis, monsieur,

Vostre très affectionné serviteur,

De Louvois.

Comme on pourroit, pour procurer à monsieur Foucquet sa liberté ou quelque soulagement, vous exposer des dépesches du Roy ou des lettres de monsieur Le Tellier ou de moy, contrefaites, je vous prie de n'en exécuter aucune signée de luy ou de moy qui ne soient escrites de sa main ou de la mienne, que vous pourrez confronter contre ces sept lignes qui en sont.

AU MÊME.

Fontainebleau, ce 16 juin 1666.

Monsieur,

Vostre lettre du 22ᵉ du mois passé m'a apris l'occupation que monsieur Foucquet se donne; elle marque bien l'oysiveté dans laquelle il se trouve présentement. Il ne faut pas s'estonner qu'un homme qui a eu une longue habitude au travail, saplique à de petites choses pour s'occuper.

Je suis, monsieur,

Vostre très affectionné serviteur,

De Louvois.

A COLBERT.

Paris, ce 17 juin 1666.

Monseigneur,

Hier au soir, comme j'estois dans le bain qui m'a esté ordonné pour quelque indisposition, le sieur d'Alibert me vint dire ce qu'il avoit apris un moment auparavant du sieur Fremont; c'est que vous aviez donné ordre à monsieur Foucault de me presser pour sortir d'affaires ou qu'on me remettroit à la Bastille. Ces derniers mots, monseigneur, me surprirent un peu, non pas que le nom de Bastille me fasse tant d'horreur, je ne lay pas supportée avec assez de foiblesse pour donner lieu de le croire ainsi; mais en vérité, j'aurois un extrême désplaisir qu'une personne pour qui j'ay autant de respect que j'en ay pour vous, et à qui je me sens obligé en plusieurs sortes, eust le moindre chagrin contre moy. Ce ne seroit pas avec justice, puisque j'ay eu l'honneur de vous dire plus d'une fois, monseigneur, et que j'ay incessamment protesté à monsieur Foucault, qu'a vostre premier ordre je signerois aveuglément ce qu'on voudroit, n'appellant de vous qu'a vous seul, et mesme si vous l'aymiez mieux ainsi, après vous avoir obéy. Mes remèdes finiront avec cette semaine. J'avois désja dessein de me rendre lundy ou mardy au plus tard auprès de vous. Ce ne sera point, monseigneur, pour vous fatiguer d'audiences ni de discours. Je vous remettray entre les mains, si vous l'avez agréable, un mémoire succint et de très peu d'articles. J'en instruiray plus particulièrement monsieur de Fontenay et monsieur Foucault, après cela vous commanderez; mais agissez s'il vous plait sur ce fondement, que, de quelque manière que vous disposiez de moy, je ne me mettray jamais dans mon tort; c'est à dire que je vous conserveray toujours tout le respect et toute la reconnoissance que je vous dois, et seray tousjours avec les mesmes sentimens,

Monseigneur,

Vostre très humble et très obéissant serviteur,

Pellisson Fontanier.

A SAINT-MARS.

Fontainebleau, ce 18 juin 1666.

Monsieur,

L'on a approuvé icy la résponse que vous avez faite à monsieur Foucquet, lorsqu'il vous a prié d'emprunter pour lui des livres italiens, et s'il continue à vous en demander, vous pourrez lui en faire venir de Paris, ou de Lyon, selon que vous le jugerez à propos.

J'attends tousjours d'aprendre par vos lettres, le temps dans lequel vous estimez que l'on debvra transférer monsieur Foucquet à Pignerol. Dés que vous me l'aurez mandé, j'en rendray compte à Sa Majesté, et je vous envoyeray les ordres qui sont nécessaires pour le faire conduire en toute sureté.

Je suis tousjours, monsieur,

Vostre très affectionné serviteur,

De Louvois.

A COLBERT.

Paris, ce 21 juin 1666.

Monseigneur,

Il y a quelque tans que ie ne me donne plus l'honneur de me presanter a vous de crainte de vous estre importune ; mais ie conserve avec un respect extreme la recognoissance que ie vous dois pour toutes les graces que vous m'aves dégnie faire ; iose encore, monseigneur, vous en demander la continuation, et l'honneur de vostre protection pour mon fils, lequel est parfaictement soubmis à vos volontés. Iay apris que l'on vous parlera bientot de ses affaires, et que vous aves tesmognié, monseigneur, de les vouloir terminer. Ie vous suplie tres humblemant de me pardonner si, par ces tandreses d'une mere, et lintret que ie prends a sa petite fortune, i'antreprands de vous representer icy, monseigneur, qu'il ne sauroit acquiter la taxce que l'on a mise sur luy, sans tomber dans la plus grande misere, et peut estre la causer a plusieurs de ses creanciers ; de l'humeur qu'il est, monseigneur, ie suis asseurée que s'il estoit asses malheureux pour estre reduit a cella, ie serois privée de le voir pour iamais ; cette pancée me fairoit mourir, s'y ie n'esperois pas que vous aurez la bonté de m'esparnier une ausy grande douleur, et que vous le traitterez autant favorablement que vous laves faict a d'autres personnes en des parelies rancontres. Ie vous en coniure, monseigneur, avec le respect que ie vous dois, et atands tout de vostre generosité; iamployeray ce qui me reste de vie a faire des vœux au ciel pour vostre prosperité comme,

monseigneur,

Vostre tres humble et tres obeissante servante,

Fontanier, mere de Pellisson.

A SAINT-MARS.

Fontainebleau, ce 30 juin 1666.

Monsieur,

J'ay receu vostre lettre du 12 de ce mois. Vous avez raison de dire qu'il est mal-aysé de vous précautionner contre le préstre qui confesse monsieur Foucquet, puisqu'estant seulz par nécessité, ils peuvent s'entretenir ensemble des choses qui ne regardent point la confession; mais, puisque le confesseur est homme de bien, ou que vous le croyez tel, vous debvez avoir en quelque façon l'esprit en repos. A vostre imitation je me déffie de tout. Vos lettres ne me sont jamais rendues avec celles que le sieur Sejournant, maistre du bureau de Lyon, m'envoye de tous ceux qui m'escrivent et passent par ses mains. Obligez-moi de me dire si vous n'adressez point vos lettres à quelqu'un de Lyon qui les mette à la poste soubz une autre adresse que la mienne. Si cela estoit, ce seroit la raison par laquelle je ne les reçois point dans le pacquet de Sejournant comme les autres.

Je suis, monsieur,

Vostre très affectionné serviteur,

De Louvois.

AU MÊME.

A Fontainebleau, le 16 juillet 1666.

Monsieur,

La mort du pauvre feu sieur Levé m'ayant obligé de chercher une personne d'intelligence et de probité pour faire continuer les ouvrages qui avoient esté commencez, j'ay jetté les yeux sur le sieur Chamois, ingénieur ordinaire du Roy, qui avoit mis cette place en l'estat ou elle estoit avant l'accident qui y est arrivé. J'ay esté bien aise de vous en donner advis par ces lignes, et par mesme moyen de vous prier de l'ayder en ce qui pourra déspendre de vous pour l'advancement des ouvrages, et les mettre sur un pied qu'ils puissent estre conduits à leur perfection avec le plus de diligence qu'il se pourra. Cependant, je suis,

monsieur,

Vostre très humble et très affectionné serviteur,

Colbert.

AU MÊME.

A Fontainebleau, ce 17 juillet 1666.

Monsieur,

J'ay reçeu vos lettres des 19 et 26 du mois passé. A présent que le logement destiné pour monsieur Foucquet est en estat de le recevoir, et que vous estimez qu'il y sera plus en seureté, qu'au lieu où il est, Sa Majesté a pris la résolution de le faire conduire à Pignerol, en vertu des ordres que vous trouverez cy-joints. Il est inutile que je vous explique touttes les précautions que Sa Majesté prend pour la seureté du prisonnier durant sa marche, pour sa garde durant sa détention, et pour la remise du fort de la Perouze au pouvoir de celuy qui en doibt estre chargé, puisque par la lecture des mesmes ordres vous les apprendrez; mais je doibs seulement vous assurer que Sa Majesté se remet à vostre prudence du temps, et de la forme de vostre départ pour Pignerol; qu'elle se promet que vous prendrez si bien vos précautions, que monsieur Foucquet ne pourra s'eschaper de vos mains, et qu'à l'exception de ceux qui ont travaillé à l'exécution des dicts ordres, et qui sont gens discrets et fidelles, personne n'a connoissance qu'ils soyent faicts n'y qu'ils vous soyent envoyés. Pour plus grande seureté, j'adresse mon pacquet au commissaire de Vrevine, sans luy expliquer ce qu'il contient, et je lui ordonne de vous le porter à la Perouze.

Lorsque je vous ay mandé que vous ne debviez adjouster créance aux dépésches qui vous seroyent présentées touschant monsieur Foucquet, que quand monsieur le Tellier ou moy vous ferions une addition escrite de la main de l'un de nous, j'ai seulement prétendu que ce seroit pour les choses qui regarderoyent simplement la plus grande commodité ou satisfaction du prisonnier, comme seroit de luy permettre de voir madame sa femme, de recevoir de ses lettres, et d'avoir quelque nouveau domestique, qui sont choses qui luy peuvent estre accordées par une simple lettre, et que ses proches pourroyent supposer, et quoy que la multitude des dépesches que je vous adresse présentement doibve oster tout subject d'apréhender une pareille surprise, néantmoins j'adjousteray quelques lignes de ma main à cette lettre, pour justiffier qu'elles sont données avec connoissance de cause.

Je vous envoye les lettres d'enseigne que le Roy a cy-devant accordées à vostre recommandation au sieur Sergier.

Je suis fort surpris d'apprendre que le trésorier de l'extraordinaire de la guerre n'ayt point encore acquitté les deux ordres que j'ay expédiez pour vostre remboursement des déspenses que vous avez faictes : je m'esclairciray d'où vient ce retardement, et je vous rendray justice.

Comme vous m'avez tesmoigné de ne point desirer de cavaliers pour la conduite de monsieur Foucquet, je ne vous adresse point d'ordres pour cet effect; que, si vous croyez en avoir besoin, en me le mandant j'y pourvoiray aussytost.

Je suis, monsieur,
Vostre très affectionné serviteur,
De Louvois.

Cappitaine Saint-Mars, ayant résolu de faire transférer Foucquet en ma citadelle de Pignerol, je vous faicts cette lettre pour vous dire qu'aussytost que l'appartement du donjon de ma dicte citadelle, dans lequel le dict Foucquet doibt estre gardé, sera entièrement préparé et en estat de le recevoir, vous ayez à partir avec luy du fort de la Perouze pour le conduire en ma dicte citadelle, soubs l'escorte tant de vostre compagnie, que de gens déstachez de la garnison de ma ville de Pignerol, qui vous seront envoyez par celuy qui y commande, au nombre que vous luy demanderez en vertu de ma lettre et de mes ordres, qui seront cy-joincts; qu'en partant de la Perouse, vous remettiez la place, ensemble l'artillerie et munitions de guerre y estant, à celui qui y commandoit en l'absence du sieur marquis de Pyennes, lorsque vous y estes entré, et qu'estant arrivé dans la dicte citadelle de Pignerol, vous fassiez monter le dict Foucquet au donjon et le mettiez dans le dict appartement pour l'y garder en la manière portée par l'instruction que je vous fis expédier à vostre départ d'auprez de moy, à laquelle me remettant de ce que je pourrois adjouster à la présente, je ne vous la feray plus longue, que pour vous recommander d'apporter toutes les précautions nécessaires pour la seureté de la conduite du dict Foucquet; priant Dieu qu'il vous ayt en sa sainte garde.

Escrit à Fontainebleau, le xv juillet 1666.

Louis.

Le Tellier.

AU MÊME.

A Fontainebleau, ce 30 juillet 1666.

Monsieur,

Vostre lettre du 15 de ce mois m'a esté rendue. Je vois que ce qui a empêsché que jusqu'a présent je n'aye reçeu vos lettres qu'après que celles que l'on m'escrivoit du pays où vous estes m'avoient esté rendues, c'est que vous les addressiez à Lyon, à un banquier pour me les faire tenir, sur quoy je vous diray qu'il me semble que dorésnavant vous les pouvez mettre dans le pacquet du commissaire de Vrevine, ou bien les adresser directement au commis de la poste de Lyon, lequel aura soin de me les envoyer en mesme temps que celles qu'il reçoit pour moy.

Il ne se peut rien adjouster aux précautions que vous prenez pour la garde de monsieur Foucquet, et je ne sçaurois vous donner dautre conseil que de vous convier à continuer comme vous avez commencé.

Je suis, monsieur,
Vostre très affectionné serviteur,

De Louvois.

A SAINT-MARS.

Vincennes, ce 3 septembre 1666.

Monsieur,

J'ay reçeu les lettres que vous avez pris la peine de

m'escrire les 14 et 21 du mois passé, et j'en ay fait la lecture au Roy. Sa Majesté a esté bien ayse d'aprendre que vous ayez seurement conduit monsieur Foucquet dans le donjon de la citadelle de Pignerol, et a fort approuvé le zèle qu'ont fait paroistre en ce rencontre ceux qui vous ont assisté.

Je suis surpris d'aprendre que vous n'ayez point encore receu les seize cens quarante six livres qui vous ont esté ordonnées il y a longtemps, veu que le trésorier de l'extraordinaire m'a assuré que le sieur Champin, son commis, qui a receu cette partye dés le mois de juin dernier, a eu des nouvelles de celuy cy, qui portent que vous luy avez dit qu'elle estoit bien entre ses mains, et que vous ne l'en retireriez que quand vous en auriez besoin. Mais, si ce que son commis luy a mandé n'est pas véritable, ce que je luy ay dit produira son payement.

L'ordonnance de onze cens et tant de livres que j'ay expédiée pour le payement de ce qui vous reste deub, n'est point encore signée de Sa Majesté. Elle le sera au premier jour, et dés qu'il y aura un fonds destiné à cet effet, je prendray soin de vous le faire tenir; cependant je vous envoye le dupplicata des ordres que j'ay expédiez pour le payement de la solde de vostre compagnie depuis le premier aoust jusques à la fin d'octobre, qui est une partye que vous recevrez incessamment.

Je suis, monsieur,

Vostre très affectionné serviteur,

De Louvois.

AU MÊME.

Vincennes, ce 23 septembre 1666.

Monsieur,

Vostre lettre du 28 du mois passé m'a esté rendue et m'a apris que le valet de monsieur Foucquet est incommodé d'une fort dangereuse maladie. Il est bon de continuer à le faire soigner, et si après sa guérison il ne veut plus continuer ses services au prisonnier, la prudence veut que vous le reteniez dans le donjon trois ou quatre mois, afin que, s'il avoit agy contre son debvoir, le temps fasse rompre les mesures qu'il auroit prises avec monsieur Foucquet. Ce que je vous marque pour celuy-cy, peut estre pratiqué pour tous les autres.

Je suis toujours, monsieur,

Vostre très affectionné serviteur,

De Louvois.

AU MÊME.

Vincennes, ce 8 octobre 1666.

Monsieur,

J'ay reçeu vostre lettre du 18 du mois passé. Le Roy se remet à vous de redonner à monsieur Foucquet le valet qui estoit tombé malade, ou de luy laisser le dernier, s'il a aussi recouvré sa santé ; vous les connoissez l'un et l'autre, et verrez celui des deux qui est le plus propre à cet employ là.

Si le sieur Langlois meurt de la maladie dont il est attaqué, Sa Majesté vous accordera volontiers sa charge de cappitaine appointé à la suitte du régiment de Saut, et dès que vous m'aurez fait sçavoir les nouvelles de sa mort, je vous envoyeray vos expéditions.

Je suis, monsieur,
Vostre très affectionné serviteur,

De Louvois.

AU MÊME.

Saint-Germain en Laye, ce 23 octobre 1666.

Monsieur,

En l'absence de mon fils, qui est allé faire un voyage de deux ou trois jours, je réspondray aux deux lettres que vous luy avez escrites les 2 et 9 de ce mois. Le Roy trouve bon que vous mettiez présentement en liberté le valet qui a servy monsieur Foucquet; mais Sa Majesté desire que vous le reteniez à vostre service, sans luy permettre encore pendant quelque temps de sortir de la citadelle de Pignerol.

Vous pouvez faire faire un habit d'hyver pour monsieur Foucquet; mais il sera bon que vous l'obligiez à se servir de ses colletz à passemens, sans luy en donner d'autres; et comme vous me marquez qu'il proffite de ses vieux habits pour se concilier le valet qui est auprèz de luy, le Roy desire qu'à mesure que vous luy en fournissez de nouveaux, vous donniez ceux qu'il quitte aux pauvres, ou à telles autres personnes qu'il vous plaira.

Vous pouvez luì faire achepter les œuvres de Clavius et de saint Bonnaventnre, et le dictionnaire nouveau des rimes françoises, mais non pas les œuvres de saint Hierosme et de saint Augustin.

Je suis toujours, très véritablement, monsieur,

Vostre très affectionné serviteur,

Le Tellier.

AU MÊME.

Saint-Germain en Laye, ce 30 novembre 1666.

Monsieur,

J'ay faict voir au Roy la lettre que vous m'avez escrite le 13 de ce mois, et Sa Majesté a fort approuvé ce que vous avez faict faire pour monsieur Foucquet, et la conduitte que vous tenez à son égard, dont elle est bien satisfaicte. Voilà tout ce que vous aurez de moy pour cette fois cy, vous asseurant que je suis, monsieur,

Vostre très affectionné serviteur,

De Louvois.

AU MÊME.

Saint-Germain en Laye, ce 18 janvier 1667.

Monsieur,

Vostre lettre du 1er de ce mois m'a appris la maladie de monsieur Foucquet et les soins et les précautions que vous prenez pour empêscher qu'il ne se passe rien contre le service du Roy ; je vous asseure que Sa Majesté, à qui je rends compte de tout ce que vous me mandez, est bien satisfaite de vostre conduitte. A l'esgard du valet qui est malade, vous faites fort bien de le garder, puisqu'après qu'il aura esté guéry, il sera bien à propos que vous le redonniez à monsieur Foucquet pour continuer à le servir.

Je suis, monsieur,

Vostre très affectionné serviteur,

De Louvois.

AU MÊME.

A Saint-Germain, ce 14 février 1667.

Monsieur,

J'ay reçeue vostre lettre du cinquiesme de ce mois, et toutes les pièces d'escritures du prisonnier que vous gardez qui y estoient jainctes, sur lesquelles il paroîst bien qu'il a grande envie de négocier et de lier commerce ; mais pour l'en empêscher, le Roy, à qui j'ay rendu compte de tout, estime que l'on ne peult mieux faire que ce que vous proposez, d'enfermer avec luy deux valetz qui ne sortiront que par la mort ; et je crois qu'il sera bien à propos que celuy que vous tenez prisonnier en soit un, afin de le punir de vous avoir trompé. Les advantages que vous tirerez de ces deux valetz ainsy enfermez, sont, qu'ils pourront se veiller l'un l'autre, et que vous congnoistrez en les questionnant ou par les rapports qu'ils vous feront s'ils diront vray. Comme par les escritures du prisonnier il paroist qu'il souhaitte qu'il y aye veue du costé des chapelles qui sont sur la montagne, il sera de vostre soin d'empêscher qu'il ne puisse rien veoir de ce côté là; Sa Majesté se remettant à vous de touttes les précautions qui sont à prendre pour la seureté de ce prisonnier; il sera aussy bien à propos, puisqu'il escrit sur des rubans, faulte de papier, que vous pourvoyez qu'il ne luy en soit donné que des noirs, et que les doublures de son pourpoint soyent de la mesme coulleur, afin que nulle autre n'y puisse prendre sans estre d'abord aperçue. Sa Majesté a trouvé bon de faire donner douze cens livres de gratification au confesseur; j'en ay expédié l'ordonnance et j'en feray porter le fonds au premier jour, ainsi que celui qui sera nécessaire dorésnavant pour l'entretennement du second valet d'augmentation. Sa Majesté a aussy trouvé bon le logement que vous proposez pour une blanchisseuse, et monsieur Colbert a esté chargé d'escrire à l'entrepreneur des bastimens et réparations de la citadelle d'y faire travailler. Au reste, vous ne debvez pas vous inquiéter des changemens qui se sont faicts dans la première compagnie des mousquetaires; Sa Majesté n'a pu s'en deffendre à cause de la récompense qu'il a fallû donner, et vos services sont assez considérables pour ne pas songer à vous advancer en donnant de l'argent; s'il vacque quelque chose qui vous soit propre je vous asseure que l'on y veillera pour vous, n'en soyez point en peine, et me croyez, monsieur,

Vostre très affectionné serviteur,

De Louvois.

Quoyque vous ne deviez point donner de nouvelles à monsieur Foucquet, je vous prie de luy dire qu'il y a près d'un an que le sieur d'Amorezan n'est plus à Pignerol, affin qu'il connoisse que celuy à qui il se confesse n'est point son domestique.

A COLBERT.

A Paris, ce mardy 19 avril 1667.

Monseigneur,

Si je n'eusse espéré l'honneur de vous voir hier et vendredy, je vous aurois plustost rendu compte du déspart de messieurs de La Fontaine et Boudet. Ils doivent estre arrivés dimanche dernier à Rheims, où monsieur Chamois arrivoit aussi le samedy, par sa lettre que je viens de recevoir.

Je craindrois tousjours, monseigneur, de me présenter ou trop souvent ou trop peu, si vous pouviez douter de ma volonté à suivre la vostre, toutes les fois que je la connoistray.

Je dois appréhender avec plus de sujet que mes affaires ne vous importunent trop parmy de plus grandes. Ce que vous eustes la bonté d'escrire à Montpellier en ma faveur, a produit cet effect sur la compagnie, ou plustost sur un petit nombre de commissaires establis pour pareilles choses, quoy qu'assez mal disposés à mon esgard, qu'ils ont promis de me comprendre à l'avenir dans les déspartemens. Mais comme on ne réspond rien du tout pour le passé, et que le silence est un refus, peut-estre trouverez vous à propos, monseigneur, de les presser un peu, en escrivant a monsieur de Besons, qui est maintenant sur les lieux, qu'il tienne la main, s'il le faut, à l'exécution de l'arrest du Conseil, suivant vostre lettre à monsieur le premier président, que je joins icy pour servir de mémoire. Je continue néantmoins à vous protester, monseigneur, que ni en cela ni en autre chose je ne puis jamais rien desirer que ce qui ne vous fera point de peine. Quelque joye que me puisse donner la protection dont vous m'honorez, je n'y ay jamais recours qu'avec cette condition, et suis avec tout le respect possible,

monseigneur,

Vostre très humble et très-obéissant serviteur,

Pellisson Fontanier.

A SAINT-MARS.

A Saint-Germain, ce 21 avril 1667.

Monsieur,

Je croy que le meilleur sera de redonner au prisonnier les deux valets que vous tenez arrestés, et il sera à propos qu'en les remettant auprès de luy, vous leur déclariez qu'ils n'en sortiront que par mort ; cela leur ostera toutte pensée de le pouvoir servir au dehors, et à luy, toutte espérance d'en tirer aucun advantage.

Je suis toujours, monsieur,

Vostre très affectionné serviteur,

De Louvois.

AU MÊME.

A Saint-Germain en Laye, ce 14 octobre 1667.

Monsieur,

J'ay receu vostre lettre du premier de ce mois, et incontinent après qu'elle m'a esté rendue j'ay fait connoistre au trésorier de l'extraordinaire de la guerre qu'il debvoit pourveoir au remboursement des advances que vous avez faites durant cet esté, et il a promis d'y satisfaire sans aucun retardement. Vous recevrez avant cette lettre le dupplicata du payement de l'entretennement de monsieur Foucquet et de la solde de vostre compagnie pendant le mois passé et le courant, et vous trouverez icy celuy de may et juin qui ne vous a point encore esté envoyé.

Vous pouvez faire faire des habits d'hiver à monsieur Foucquet et ses deux valetz lorsqu'il le desirera ; et quand vous m'aurez envoyé le mémoire de ce qu'ils couteront, je pourveoyeray à vostre remboursement.

A présent, que nous sommes désbarassez des affaires de la campagne, il est à propos que vous nous informiez touttes les semaines de la santé de vostre prisonnier et de la manière dont il passe sa vie, afin d'en rendre compte à Sa Majesté.

Je suis, monsieur,

Vostre très affectionné serviteur,

De Louvois.

AU MÊME.

A Paris, ce 21 novembre 1667.

Monsieur

Les lettres que vous avez pris la peine de m'escrire dont la dernière est du 12 de ce mois, m'ont esté rendues. Par tout ce qu'elles contiennent, je voys la conduite et les occupatious de monsieur Foucquet. J'ai de la peine à comprendre comment l'enflure qu'il a à la mamelle gauche, l'oblige de porter le bras en escharpe, je vous prie de m'en éclaircir, et de m'escrire toutes les semaines l'estat de sa santé.

Vous ne sçauriez manquer de prendre le papier que monsieur Foucquet a fait, et vous pouvez en mesme temps luy déclarer que, s'il employe encore son linge de table à faire du papier, il ne doibt pas estre surpris si vous ne luy en donnez plus. Il me semble qu'il n'est pas fort difficile de s'apercevoir s'il en consomme à cet usage, puisqu'il n'y a qu'à le donner par compte à ses valetz, et les obliger à les rendre par compte aussy, et quand il en manquera, ce sera une marque infaillible qu'il s'en sera servy.

L'on aura soin des cadetz de vostre compagnie dont vous m'avez envoyé les noms, et je feray mon possible pour leur faire avoir quelques charges dans l'augmentation que l'on va faire à l'infanterie.

Je vous envoye le congé que vous avez demandé pour un de vos lieutenants; et, puisque vous avez de la confiance en luy, vous pouvez le charger des escrits que vous avez surpris à monsieur Foucquet.

Je suis, monsieur,
Vostre très affectionné serviteur,
De Louvois.

AU MÊME.

A Saint-Germain, ce 22 novembre 1667.

Monsieur,

J'ay reçeu vostre lettre du 10 de ce mois. Vous pouvez faire donner à monsieur de Lauzun l'habit qu'il vous a demandé.

Il n'y a pas d'inconvénient de dire à monsieur Foucquet la nouvelle de la promotion de monsieur le chancelier; au sur plus vous luy donnerez toutes les choses nécessaires pour son soulagement.

De Louvois.

AU MÊME.

A Paris, ce 18 décembre 1667.

Monsieur,

J'ay reçeu vos deux lettres, dont l'une est accompagnée du mémoire de la déspense des habits d'hiver de monsieur Foucquet et de ses valets et de quelque linge de table et batterie de cuisine. Vous recevrez au premier jour le dupplicata de l'ordre expédié pour vous faire rembourser de vostre advance par le trésorier de l'extraordinaire de la guerre.

Vous aurez veu, par une de mes précédentes lettres, que je vous priois de m'envoyer par l'occasion d'un de vos lieutenants, qui s'en venoit icy, les papiers escrits de monsieur Foucquet que vous avez trouvez dans sa chambre. Si cet officier là ne fait point le voyage qu'il se proposoit, ou s'il ne le commençoit pas sy-tost, je vous supplie de me les envoyer par la poste.

Je suis, monsieur,
Vostre très affectionné serviteur,

De Louvois.

Depuis cette lettre escrite, votre officier m'a rendu les papiers.

AU MÊME.

A Paris, ce 22 décembre 1667.

Monsieur,

Vos lettres des trois et neuf de ce mois m'ont esté rendues avec le cachet qui accompagnoit la première, et les papiers qui estoient avec l'autre. J'ay vu par ce qu'elles contiennent l'etat de la maladie de monsieur Foucquet, dont je vous prie de me faire sçavoir des nouvelles le plus souvent que vous pourrez, jusques à ce qu'il soit en santé. J'ay rendu compte au Roy de la conduite que vous avez tenue jusques à présent à l'esgard de monsieur Foucquet ; Sa Majesté a tesmoigné qu'elle en estoit satisfaite et qu'elle desiroit que vous la continuassiez.

Je suis, monsieur,
Vostre très affectionné serviteur,

De Louvois.

AU MÊME.

A Saint-Germain en Laye le 29 fevrier 1668

Monsieur,

Vostre lettre du 18e de ce mois m'a esté rendue en l'absence de mon filz : elle m'a apris la santé et les occupations de monsieur Foucquet ; et, puisque vous estes content de l'exactitude de sa garde, il y a lieu de l'estre icy, estant, comme vous estes, fort soigneux et attaché à votre debvoir.

Je suis, monsieur,
Vostre très affectionné serviteur,

Le Tellier.

AU MÊME.

A Chambor, ce 1 octobre 1668.

Monsieur,

J'ay apris, par vostre lettre du 22e du mois passé, que vous avez fait difficulté de donner à monsieur Foucquet le supérieur des jésuites ou le gardien des capucins et des recolets de Pignerol, pour faire avec l'un d'eux une confession générale ; comme dans sa demande il pourroit avoir une autre fin que celle de la dévotion, vous avez bien fait de ne luy point accorder d'autre confesseur que l'ecclésiastique qui le confesse ordinairement.

Le fort de l'Escluze, qui est du pays de Bresse, n'estant point de mon département, je ne me mesle pas des fortifications de la place, c'est monsieur Colbert qui en prend soin ; je luy en parleray volontiers, afin qu'il pourvoye à la réparation des deux tours du dit fort qui menacent ruine.

Je suis, monsieur,
Vostre très affectionné serviteur,

De Louvois.

AU MÊME.

A Chambor, ce 9 octobre 1668.

Monsieur,

Vostre lettre du 29 du mois passé, m'aprend la continuation et l'éstat de la maladie de monsieur Foucquet. Je vous prie de continuer à m'en informer par tous les ordinaires. Vous pourrez, pendant qu'il sera incommodé, luy donner tous les secours qui luy seront nécessaires pour son soulagement; mais en faisant ce qui peut luy estre utile, vous ne debvez pas négliger la moindre des choses qui peuvent aller contre la seureté de la garde de sa personne.

Je suis toujours, monsieur,

Vostre très affectionné serviteur,

De Louvois.

AU MÊME.

A Paris ce 18 novembre 1668.

Monsieur,

J'ay reçeu vos lettres des 3 et 10 de ce mois sur lesquelles je n'ay autre résponse à vous faire, si ce n'est que l'on me mande de Pignerol que vous estes indisposé, et cependant vous ne m'en avez rien escrit. Vous jugez bien que, prenant part à vostre santé, je ne puis pas estre satisfait de vostre silence, ni sans inquiétude de vostre maladie, dont je vous prie de m'informer.

Je suis, monsieur,

Vostre très affectionné serviteur,

De Louvois.

AU MÊME.

A Paris, ce 3 décembre 1668.

Je suis bien fasché que vostre maladie se soit autant augmentée que vous me le mandez, et il fault que vous n'ayez présentement autre application que de vous guérir. Je vous prie seulement de me faire mander de vos nouvelles par tous les ordinaires.

De Louvois.

A COLBERT.

Lundy, 28 janvier 1669.

Monseigneur,

Me voyant malade, et mes affaires en l'éstat que vons sçavez, je prends la liberté d'en escrire au Roy, et de luy envoyer un mémoire que je luy aurois donné avant mon mal, sans le bruit du voyage, et que je voulois aussi auparavant vous le faire voir. Je ne doute pas qu'il ne vous soit renvoyé; mais cependant, monseigneur, en voicy la copie que j'avois faite des-lors pour cela mêsme. C'est tout ce que le catharre me permet, et de vous demander tousjours l'honneur de vostre protection, la méritant par l'extrême respect avec lequel je suis,

Monseigneur,

Vostre très-humble, et très-obéissant serviteur,

Pellisson Fontanier.

COPIE DU MÉMOIRE POUR SA MAJESTÉ.

Ce papier fera souvenir Sa Majesté, s'il luy plaist, de ce qu'elle a eu la bonté de me faire espérer plus d'une fois, qui est de parler à monsieur Colbert de mes affaires et de me faire du bien.

Je luy proteste que j'attendrois ses graces avec soumission et patience, sans luy rien demander, si l'estat des choses me le permettoit plus long temps, et si mon besoin estoit moindre.

J'ay aversion pour toute sorte d'imposture; j'aimerois mieux estre mort que d'avoir menty à Sa Majesté, par le seul respect que je luy dois. Dieu m'en est tésmoin.

J'avois environ quarante mille escus de bien ou quelque chose de moins.

Aujourd'huy, à vray dire, je n'ay rien du tout, car les pertes à faire sur certains effets, comme rentes et augmentations de gages, la déspense de sept années et demie qu'il a fallu soustenir en mangeant le fonds des remboursements qui m'ont esté faits, les intérêts accumulés de ce que je dois, n'ont que trop consumé ce qui me pouvoit appartenir; ce n'est pas le moyen de porter deux cens mille livres de taxe, et quand je n'aurois à payer que mes dettes, il est très vray qu'il ne me resteroit rien.

Je n'ay pourtant jamais eu la vanité de croire que Sa Majesté me deust enrichir de son espargne, ayant aussi peu de mérite que j'en ay auprès d'elle.

J'ai seulement espéré, qu'estant plus de bonne volonté, ayant passé dans les divers temps de ma vie avec quelque approbation presque par toute sorte d'affaires, palais, sceau, consul, finances, déspêsches, négotiations; me trouvant officier d'une compagnie de justice, et par conséquent capable de toute sorte de commissions, Sa Majesté, par bonté, par générosité, par grandeur d'ame, pourroit m'honnorer de quelqu'un de ces emplois qui font subsister, en attendant que j'eusse mérité d'avantage.

Le peu dont je jouis, ne fournit pas à la moitié d'une déspense très médiocre; j'ay espuisé toutes mes petites ressources comme j'ay dit; je ne cherche en un mot qu'à vivre en travaillant autant qu'aucun autre, en telle nature de choses qu'il plaira à Sa Majesté de m'occuper, sans compter les desseins en très grand nombre que j'ay pour sa gloire, dont je puis dire que je suis possédé et rempli, et que rien ne me les pourroit oster qu'une extrême misère qui abbat absolument le coeur et l'esprit.

J'assure enfin Sa Majesté, que je donnerois ma vie pour elle, et que je ne puis imaginer un zèle plus grand que le mien.

A SAINT-MARS.

A Paris, ce 21 février 1669.

Monsieur,

Vostre lettre du 9ᵉ de ce mois m'a apris les occupations de monsieur Foucquet. Vous avez bien fait de luy donner les choses nécessaires pour contribuer à son divertissement, mais vous debvez toujours prendre vos précautions pour la seureté de sa garde. Continuez à me marquer bien particulièrement tout ce qui se passera à cet esgard, et croyez que je suis,

monsieur,

Vostre très affectionné serviteur,

De Louvois.

AU MÊME.

A Paris, ce 12 mars 1669.

Monsieur,

Il est fascheux que les deux valetz de monsieur Foucquet soient tous deux tombez malades en mêsme temps, mais vous avez jusques icy pris de si bonnes mesures pour ésviter touttes sortes d'inconvéniens, que je me remetz à vous des moyens dont vous debvez vous servir pour la seureté de la garde de vostre prisonnier. Cependant, je vous prie de continuer à m'avertir fort exactement de ce qui se passe, et de me croire,

Monsieur,
Vostre très affectionné serviteur,
De Louvois.

AU MÊME.

A Paris, ce 26 mars 1669.

Monsieur,

Vous avez bien fait de ne pas donner aux recolets la pistolle que le valet de monsieur Foucquet vous avoit prié de leur déslivrer par charité, puisque vous apréhendez qu'il n'y ayt à cela quelque mistère, et le reste de vostre lettre du 16 de ce mois ne desirant aucune résponse, je n'ay qu'à vous prier de continuer de m'advertir de tout ce qui se passe à l'égard du dit sieur Foucquet.

Je suis, monsieur,
Vostre très affectionné serviteur,
De Louvois.

INÉDITE.

AU MÊME.

A Paris, ce 22 avril 1669.

Monsieur,

J'ay reçeu vostre lettre du 13 de ce mois. Il fault vous consoler du chagrin que monsieur Foucquet peut avoir contre vous des nouvelles précautions que vous avez prises pour la seureté de sa garde, puisqu'il est raisonnable que le service du Roy aille avant toutes choses.

L'escluze ne se trouvant point dans mon département, je ne puis faire travailler aux réparations qui y sont à faire, sans cela j'y envoyerois aussitôst des ouvriers, mais il fault que vous vous adressiez à monsieur Colbert qui en est chargé. Pour ce qui est de la conduite du gentilhomme du voysinage de l'escluze, c'est pareillement une affaire qui regarde le département de monsieur de la Vrillière, auquel il est nécessaire que vous, ou celui qui commande dans la place, en escrive.

Je suis, monsieur,

Vostre affectionné serviteur,

De Louvois.

AU MÊME.

A Saint-Germain en Laye, ce 19 juillet 1669.

Monsieur,

Le Roy m'ayant comandé de faire conduire à Pignerol le nommé Eustache d'Auger, il est de la dernière importance à son service qu'il soit gardé avec une grande seureté, et qu'il ne puisse donner de ses nouvelles en nulle manière, ni par lettres à qui que ce soit. Je vous en donne advis par advance, afin que vous puissiez faire accomoder un cachot où vous le mettrez seurement, observant de faire en sorte que les jours qu'aura le lieu ou il sera, ne donnent point sur des lieux qui puissent estre abordez de personne, et qu'il y ayt assez de portes fermées, les unes sur les autres, pour que vos sentinelles ne puissent rien entendre. Il faudra que vous portiez vous mêsme à ce misérable, une fois le jour, de quoy vivre toute la journée, et que vous n'escoutiez jamais, soubs quelques prétexte que ce puisse estre, ce qu'il voudra vous dire, le menaçant tousjours de le faire mourir s'il vous ouvre jamais la bouche pour vous parler d'autre chose que de ses nécessités.

Je mande au sieur Poupart de faire incessamment travailler à ce que vous desirerez, et vous ferez préparer les meubles qui sont nécéssaires pour la vie de celui que l'on vous aménera, observant que, comme ce n'est qu'un valet, il ne luy en faut pas de bien considérables, et je vous feray rembourser tant de la déspenses des meubles, que de ce que vous desirerez pour sa nourriture.

Je suis, monsieur,

Vostre très affectionné serviteur,

De Louvois.

AU MÊME.

A Saint-Germain, ce 10 septembre 1669.

Monsieur,

J'ay reçeu vos lettres des 24 et dernier du mois passé. Vous pouvez donner à vostre nouveau prisonnier un livre de prières, et s'il vous en demande quelque autre, le luy donner aussi. Vous pourrez luy faire entendre, les dimanches et les festes, la messe qui se dira pour monsieur Foucquet, sans pourtant estre dans le même lieu, et vous observerez de le faire si bien garder durant ce temps là, qu'il ne puisse s'évader ni parler à personne; vous pourrez mêsme le faire confesser trois ou quatre fois l'année, s'il le desire, et non point d'avantage, à moins qu'il ne luy survinst quelque maladie périlleuse.

L'on m'avoit mandé que vous aviez dit à monsieur de la Bretonnière que l'on vous debvoit envoyer un prisonnier, mais je suis bien ayse que cela ne se soit point trouvé véritable.

Je vous adresseray au premier jour des lettres pour pourvoir de lieutenances réformées ceux des cadets de vostre compagnie qui ont eu des charges dans l'infanterie.

Je suis, monsieur,

Vostre très affectionné serviteur,

De Louvois.

AU MÊME.

A Chambor, ce 25 septembre 1669.

MONSIEUR,

J'ay appris, par vostre lettre du 4 de ce mois, l'indisposition de monsieur Foucquet et le sentiment qu'en ont les médecins ; comme aussy que le prisonnier qui vous a esté envoyé en dernier lieu est incommodé ; de sorte qu'il a besoin d'estre saigné pour recouvrer sa santé, sur quoy je vous diray qu'il n'y a nulle difficulté à le faire, et que lors que de pareilles choses arriveront, vous pourrez le faire traicter et médicamenter selon qu'il en sera besoin, sans attendre d'ordre pour cela, me donnant seulement compte de ce qui se sera passé, comme vous avez accoustumé de faire.

Je suis, monsieur,

Vostre bien humble et très affectionné serviteur,

DE LOUVOIS.

AU MÊME.

A Paris, ce 7 décembre 1669.

MONSIEUR,

Je reçois dans ce moment vostre lettre du 27 du mois passé, par laquelle je voys que vous avez descou-

vert que vos soldats avoyent commerce avec monsieur
Foucquet. Il fault qu'il y ayt eu encore quelque chose
de plus que ce que vous me mandez qu'ils vous ont
advoué, car, il n'auroit pas fait donner six pistolles
à un soldat qu'il nomoit par son nom s'il ne luy eust
auparavant rendu quelque service. Le Roy, quand il
aura veu les dépositions que vous me promettez par le
prochain ordinaire, ne fera aucune difficulté de vous
permettre de faire justice de vos soldats, en assem-
blant vos officiers et sergents ; et, s'il n'y a point de
preuves assez seures pour punir un crime de cette
qualité, à l'esgard du valet, vous ne pouvez que le
bien maltraiter et l'enfermer pour longtemps ; cependant vous ferez fort bien de mettre les fenestres de
monsieur Foucquet en estat que pareille chose ne luy
puisse plus arriver, et veiller tousiours si exactement
qu'il ne puisse rien voir sans que vous le décou-
vriez. Il fault faire arrêster l'homme de l'abbaye qui
a donné les six pistoles, l'interroger vous mesme, et
me mander ce qu'il vous aura dict du commerce qu'il
entretenoit.

  Je suis, monsieur,

 Vostre très affectionné serviteur,

      De Louvois.

AU MÊME.

A Versailles, ce 17 décembre 1669.

Monsieur,

J'ay receu, des mains du sieur de Blainvilliers,

vostre lettre du 8 de ce mois, avec le mémoire de la déspense que vous avez faite pour monsieur Foucquet, et la déposition du nommé La Forest. Je donne ordre au trésorier de l'extraordinaire de la guerre de vous envoyer vostre remboursement.

J'ay apris fort en déstail, du sieur de Blainvilliers, tout ce que vous avez fait pour vous saisir du dit La Forest et du nommé Honneste. J'en ay rendu compte au Roy, qui a esté fort satisfait de tout ce que vous avez fait. Il a comandé à monsieur de Lyonne de faire faire des remercîments de sa part à monsieur le duc de Savoye de la manière honeste dont il en avoit uzé, en laissant prendre dans ses estats le dit La Forest et le dit Honneste, et je vous envoyeray par l'ordinaire prochain, un présent que Sa Majesté souhaitte que vous envoyiez en son nom au major de Turin, qui a agy en ce rencontre avec tout le zèle que l'on auroit pu attendre d'un subject de Sa Majesté.

Le Roy, comme je vous l'ay mandé par ma dernière, dont le courrier que je vous ay déspésché estoit chargé, trouve bon, qu'avec les officiers de vostre compagnie, vous jugiez en conseil de guerre vos soldats, et que, par l'exemple que vous en ferez, vous fassiez perdre aux autres l'envye de plus faire de pareilles trahisons. Sa Majesté ne desire pas que vous jugiez le nommé Champagne, valet de monsieur Foucquet, quoy que suivant ce qu'a dit le dit sieur de Blainvilliers, il s'y soit soubmis par escrit; mais, elle entend que vous le teniez dans une prison dure, pour le punir de son infidellité, et se remet à vous d'en uzer comme vous le voudrez à l'égard de La Rivière, autre valet de monsieur Foucquet, c'est à dire de le laisser auprez de luy, ou de l'en oster, Sa Majesté se promettant qu'en cas que vous le luy ostiez, vous ne le laissiez sortir qu'après une prison de sept ou huit mois, afin que, s'il avoit pris des mesures pour porter des nouvelles de son maître, elles soient si vieilles en ce temps là, qu'elles ne puissent en rien préjudicier ; et, pour ésviter de pareils accidents à celuy qui vient d'arriver, il fault, comme je vous l'ay désjà marqué, faire faire une grille vis a vis de chacune des fenestres de vostre prisonnier qui soit en demy cercle, en saillie hors du mur exterieur de deux ou trois pieds, et entourer chacune des dites grilles d'une claye fort serrée et assez haute pour empêscher qu'il ne puisse voir autre chose que le ciel ; et que la dite claye se trouve oposée à tous les terrains qui sont vis-à-vis ses fenestres ; et que quand il sera nuit, vous fassiez descendre des nattes dessus ses fenestres que vous releverez à la pointe du jour ; ainsi l'on ne pourra plus luy faire signe ; n'y luy en faire faire à qui que ce soit, et il ne pourra plus rien jetter ni rien recevoir.

A l'esgard du sieur Honneste, qui vient désbaucher des soldats de vostre compagniie, le Roy desire que vous le teniez prisonnier, et son valet avec luy, jusques à nouvel ordre ; ensorte qu'ils n'ayent tous deux de commerce avec personne du dehors, et par la peine et la mortification qu'ils souffriront, empêscher que l'on ne se hazarde si facilement à essayer de corrompre vos soldats.

Je suis, monsieur,
Vostre très affectionné serviteur,
De Louvois.

AU MÊME.

A Saint-Germain, ce 1er janvier 1670.

Monsieur,

J'ay reçeu avec vos lettres des 19 et 21 du mois passé, le mémoire qui y estoit joint. Par la première, je voys que vous avez fait le procez au nommé La Forest, et que vous l'aviez fait exécuter. J'ay désja mandé à monsieur de la Bretonnière de faire mettre en liberté les nommez Pedanes, et je le luy mande encore puisqu'ils ne se trouvent point coupables.

Les jalousies que vous ferez mettre de fil de Richard (sic), ne feront point l'effect que celles de bois, à moins que vous ne les fassiez faire de mesme forme, c'est à dire qu'il y ayt autant de plain que de vuide.

Je vous renvoye les tablettes que vous m'avez adressées, par ce qu'elles pourront servir à la conviction du sieur Honneste, auquel le Roy veut faire faire le procez, ainsi que vous l'apprendrez du sieur de Loyauté.

Le Roy a trouvé bon d'accorder cinq cens escus à celuy de vos lieutenants nommé Du Plessis, et Sa Majesté leur fera à tous du bien de temps en temps, suivant que vous me manderez qu'ils s'apliqueront à bien exécuter vos ordres.

Si le sieur Honneste a peur; il en aura bien d'avantage quand il verra qu'on luy va faire son procez; il faut cependant le tenir dans une prison dure, car il est bon d'effaroucher les gens que l'on pourroit envoyer pour désbaucher vos soldats.

Le Roy se remet à vous d'en uzer comme vous le

jugerez à propos à l'esgard des valetz de monsieur Foucquet : il faut seulement observer que si vous luy donnez des valetz que l'on vous amenera d'icy, il pourra bien arriver qu'ils seront gaignez par avance, et qu'ainsy ils feroyent pis que ceux que vous en osteriez présentement.

Je suis, monsieur,

Vostre très affectionné serviteur,

De Louvois.

AU MÊME.

A Saint-Germain en Laye, ce 16 janvier 1670.

J'ay reçeu vostre lettre sans datte qui sert de response à la mienne du 17 du mois passé.

Les précautions que vous avez résolu de prendre pour empêscher que monsieur Foucquet ne donne de ses nouvelles à personne, ni n'en reçoive de qui que ce soit, sont bonnes ; et, puisque ses valetz sont si infidelles au Roy, Sa Majesté trouve bon qu'ils soyent dorésnavant privez de leurs gages.

De Louvois.

AU MÊME.

A Saint-Germain, ce 21 janvier 1670.

Monsieur,

J'ay reçeu vostre lettre du 11 de ce mois. Il faut que vous conferiez avec le sieur de Loyauté de ce qui concerne l'entretien de la cave du Roy, et, en luy faisant voir cette lettre, il examinera la quantité de vin que celuy qui la tient est obligé d'y avoir, et les réfections qui seroient à faire aux tonneaux, qui est tout ce que l'on pourroit faire faire aux déspens du Roy, n'estant pas possible d'augmenter cette déspense pour l'oster des mains de monsieur de Piennes.

Lorsque vous m'aurez mandé qui est le médecin que vous proposez pour la citadelle, et les gages qu'il demanderoit, je vous feray sçavoir l'intention du Roy.

L'argent qui s'est trouvé sur le nommé La Forest estant confiscable au Roy, par son crime et sa punition, Sa Majesté veut bien que vous en disposiez.

J'ay fait rembourser pour vous au sieur de Blainvilliers tout ce qu'il m'a dit que vous aviez déspensé pour la prison du sieur Honneste, qui se monte, si je ne me trompe, à neuf cens et tant de livres.

Je suis, monsieur,

Vostre très affectionné serviteur,

De Louvois.

AU MÊME.

A Saint-Germain, le 26 janvier 1670.

Monsieur,

La punition que vous avez fait faire des cinq soldats qui vous avoient trahy, ne sçauroit produire qu'un très bon effet, et je ne doute pas que cet exemple de sévérité ne contienne les autres dans le debvoir. Je ne puis qu'approuver toutes les précautions que vous prenez pour la seureté des prisons de Pignerol, estant persuadé que vous n'oublierez rien de tout ce que vous croirez nécessaire pour les maintenir en bon éstat, et que l'on peut s'en reposer entièrement sur vos soins ; cependant je seray bien aise de vous faire payer des appointements qui vous sont deubs pour le gouvernement du fort de l'Escluze, et s'il se présente quelqu'un de vostre part pour les recevoir, je donneray aussy-tôst les ordres nécessaires, afin que l'ordonnance luy en soit délivrée.

Je suis, monsieur,

Vostre très humble et très affectionné serviteur,

COLBERT.

AU MÊME.

A Saint-Germain, ce 28 janvier 1670.

MONSIEUR,

J'ay reçeu le plan des jalousies que vous faites faire pour les fenestres de monsieur Foucquet ; ce n'est pas comme cela que j'ay entendu qu'elles doivent estre, mais bien des clayes ordinaires qu'il fault mettre autour des grilles en saillie et en hauteur nécessaire pour empêscher qu'il ne voye les terres des environs de son logement.

Je suis, monsieur,

Vostre très affectionné serviteur,

De Louvois.

AU MÊME.

A Saint-Germain, ce 11 febvrier 1670.

Monsieur,

Vostre lettre du premier de ce mois m'a esté rendue. Vous avez bien fait de n'avoir aucun ésgard aux raisons que vous a données monsieur Foucquet pour avoir auprez de luy son valet nommé Champagne, et suivant vostre advis, il sera bon de ne relascher le sieur Honneste que lorsque vous aurez fait poser des grilles et des jalousies à ses fenestres. Cependant, ayez grand soin d'empêscher que monsieur Foucquet ne proffite du temps qu'il faut pour les faire, et continuez à prendre les autres précautions que vous jugerez nécessaires pour sa seureté.

Je suis, monsieur,

Vostre très affectionné serviteur,

De Louvois.

AU MÊME.

A Saint-Germain, ce 10 mars 1670

Monsieur,

Vous avez bien fait de laisser au sieur de Loyauté la liberté d'exécuter ce que je luy ay mandé pour faire faire le procez au sieur Honneste, et si je ne vous en ay pas escrit, c'est par obmission.

Je suis, monsieur,

Vostre très affectionné serviteur,

De Louvois.

AU MÊME.

A Saint-Germain en Laye, ce 26 mars 1670.

Monsieur,

J'ay receu vos lettres des 8 et 15 de ce mois, par lesquelles je vois que vous estes résolu de conduire vous mêsme le sieur Honneste au conseil souverain de Pignerol, lorsque les juges le demanderont pour le juger; cela est bon, et lorsqu'il y aura arrêst rendu contre luy, l'intention de Sa Majesté est qu'il luy soit envoyé pour, après qu'elle l'aura veu, faire sçavoir sa volonté pour le faire exécuter.

L'on m'a donné advis que le sieur Honneste, ou un des valetz de monsieur Foucquet, a parlé au prisonnier qui vous a esté amené par le major de Dunquerque, et luy a, entre autre chose, demandé s'il n'avoit rien de conséquence à luy dire, à quoy il a réspondu qu'on le laissast en paix : il en a uzé ainsy, croyant probablement que c'estoit quelqu'un de vostre part qui l'interrogeoit pour l'ésprouver, et voir s'il diroit quelque chose ; par là, vous jugerez bien que vous n'avez pas pris assez de précautions pour empêscher qu'il n'eust quelque communication que ce pust estre ; et, comme il est très important au service de Sa Majesté, qu'il n'en ayt aucune, je vous prie de visitter soigneusement le dedans et le dehors du lieu où il est enfermé, et de le mettre en éstat que le prisonnier ne puisse voir ni estre veu de personne, et ne puisse parler à qui que ce soit, ni entendre ceux qui luy voudroient dire quelque chose.

Je suis, monsieur,

Vostre très affectionné serviteur,

De Louvois.

AU MÊME.

A Saint-Germain, ce 17 avril 1670.

Monsieur,

J'ay reçeu avec vostre lettre du 4 de ce mois celle qui y estoit jointe du confesseur de monsieur Foucquet. Je luy mande que je rendray compte au Roy de sa fidélité, et je le feray effectivement, afin qu'elle le gratiffie de quelque bénéfice, lorsqu'il en viendra à vacquer.

Je suis, monsieur,

Vostre très affectionné serviteur,

De Louvois.

A LOUVOIS.

Ce 12 avril 1670.

Il y a des personnes qui sont quelquefois si curieuses de me demander des nouvelles de mon prisonnier, ou le sujet pourquoi je fais faire tant de retranchemens pour ma sûreté, que je suis obligé de leur dire des *contes jaunes* pour me moquer d'eux.

Je suis, etc.,

Saint-Mars.

A SAINT-MARS.

A Saint Germain, ce 21 avril 1670.

Monsieur,

J'ay reçeu vostre lettre du 12 de ce mois. Je suis bien ayse de voir, par ce que vous me mandez, que l'advis qui m'avoit esté donné, qu'un des valetz de monsieur Foucquet et le sieur de Valcroissant s'estoyent parlez, soit faux. Vous debvez estre circonspect en touttes choses pour ne donner point de matière de parler contre vostre exactitude.

Le Roy partira le 28 de ce mois pour son voyage de Flandres ; j'auray tant d'affaires pendant qu'il durera, qu'il me sera impossible de vous escrire jusques au retour, à moins qu'il ne survinst quelque chose de fort extraordinaire.

Je suis, monsieur,

Vostre très affectionné serviteur,

De Louvois.

AU MÊME.

A Saint-Germain, ce 11 juillet 1670.

Monsieur,

Je vous envoye le dupplicata d'un ordre que j'ay expédié pour vostre remboursement d'une somme de huit cens et tant de livres, d'un habit et de quelques autres nécessitez que vous avez fournies à monsieur Foucquet ; et lorsqu'il y aura occasion, je seray bien ayse de faire plaisir au chevalier de Saint-Martin, qui a conduit à Marseille le sieur de Valcroissant, condamné aux gallères.

Je suis, monsieur,

Vostre très affectionné serviteur,

De Louvois.

AU MÊME.

A Saint-Germain, ce 14 juillet 1670.

Monsieur,

Vostre lettre du 5 de ce mois me fait connoistre que monsieur Foucquet desireroit lire la Bible. Vous pouvez luy accorder cette satisfaction, et pour cela luy en achepter une; et mesme les livres dont vous me parlez pour l'usage de son valet, ne doubtant pas qu'avant de les leur déslivrer, vous ne vous précautionniez.

Je suis, monsieur,
Vostre très affectionné serviteur,
De Louvois.

A M. DE RISSANT.

Paris, ce 24 octobre 1670.

Monsieur,

Bien que, par la commission cy-joincte, le Roy vous donne le commandement dans la citadelle de Pignerol, en qualité de son lieutenant, sans aucune restriction, je doibs pourtant vous faire remarquer que l'intention de Sa Majesté n'est pas que vous l'exerciez autrement que faict à présent monsieur de Saint-Jacques, lequel n'ordonne d'aucune chose dans le donjon de la ditte citadelle; Sa Majesté désirant que vous laissiez à monsieur de Saint-Mars, qui est chargé de la garde de monsieur Foucquet, le commandement absolu dans le dict donjon, et ce, jusques à ce que vous receviez des ordres contraires de Sa Majesté.

Je suis, monsieur,

Vostre bien humble et très affectionné serviteur,

De Louvois.

A SAINT-MARS.

A Paris, le 6 décembre 1670.

Monsieur,

Vous verrez par l'extraict cy-joinct, l'ordre que j'ay donné au trésorier de l'extraordinaire des guerres, d'envoyer à Pignerol la somme de cinq mille huict cens trente huict livres, pour estre employée au payement de la subsistance pendant les mois de janvier et febvrier prochain, de la compagnie d'infanterie qui sert à la garde de monsieur Foucquet, et pour sa nourriture et celle de ses valetz. Vous aurez soin de faire distribuer ce fonds, lorsqu'il sera arrivé sur les lieux.

De Louvois.

AU MÊME.

A Paris, ce 8 décembre 1670.

Monsieur,

J'ay reçeu vostre lettre du 29 du mois passé. J'envoyeray chercher le sieur Pecquet, médecin de monsieur Foucquet, et je luy feray escrire en ma présence, et sur du papier dont je me sers, la recepte que vous demandez; par ce moyen, vous pourrez donner sans scrupule cet éscrit au dict sieur Foucquet, et celuy-cy, qui cognoist l'éscriture de Pecquet, n'en aura point de s'en servir.

Je suis, monsieur,

Vostre trè affectionné serviteur,

De Louvois.

AU MÊME.

A Paris, ce 13 décembre 1670.

Monsieur,

Vous jugerez facillement par la grandeur du mémoire du sieur Pecquet pour la composition de l'amplastre que monsieur Foucquet demande, qu'il n'a pû le faire dans mon cabinet, en ma présence, et qu'il l'a dressé chez luy; cette raison m'oblige de vous dire, qu'aussitôst que vous l'aurez reçeu, vous en fassiez une copie bien exacte et en montriez l'original à monsieur Foucquet, et que vous en collationniez avec luy la copie, laquelle vous luy laisserez et brulerez ensuite l'original, par ce moyen le dict sieur Foucquet l'ayant veu, n'aura aucun doubte, et vous, l'ayant brulé, n'en aurez aucune inquiétude.

Je suis, monsieur,

Vostre très affectionné serviteur,

De Louvois.

AU MÊME.

A Ath, ce 28 juin 1671.

Monsieur,

J'ay reçeu avec vostre lettre du 6 de ce mois, celle que le gardien des capucins de Paris a éscrite à celuy de Pignerol. Vous pouvez parler à monsieur Foucquet de la restitution qu'il mande qu'on luy veult faire, et cependant continuez toujours vos soins pour la garde de vos prisonniers.

Je suis, monsieur,

Vostre très affectionné serviteur,

De Louvois.

AU MÊME.

A Saint-Germain, ce 20 octobre 1671.

Monsieur,

J'ay reçeu vostre lettre du 10 de ce mois. Suivant ce que vous proposez, vous pouvez faire habiller d'hyver monsieur Foucquet; mais, il me semble que l'on pourroit se dispenser de donner à ses valetz des habits aussy souvent qu'à luy; et, si ceux qu'ils ont leur peuvent encore servir, il seroit bon de ne leur en point fournir de neufs.

Je suis, monsieur,

Vostre très affectionné serviteur,

De Louvois.

Monsieur de Saint-Mars, envoyant en ma citadelle de Pignerol le comte de Lauzun, l'un des cappitaines des gardes de mon corps, pour y estre gardé soigneusement, je vous escrits cette lettre pour vous dire que mon intention est, qu'aussytôst que le sieur d'Artagnan, cappitaine lieutenant de la première compagnie des mousquetaires de ma garde, que j'ay chargé de la conduitte du dict comte de Lauzun, sera arrivé en ma dicte citadelle, vous ayez a recevoir de ses mains le dict comte de Lauzun, et à le tenir soubz bonne et seure garde, jusques à nouvel ordre de moy, sans permettre qu'il ayt communication avec qui que ce soit, de vive voix ni par éscrit; et la présente n'estant pour autre fin, je prie Dieu qu'il vous aye, monsieur de Saint-Mars, en sa saincte garde.

Escrit à Saint-Germain en Laye, le 25 novembre 1671.

Louis.

Le Tellier.

AU MÊME.

A Saint-Germain en Laye, ce 26 novembre 1671.

Monsieur Hallot que je vous envoye, vous remettra en main une instruction de ce que vous aurez à faire pour la garde de monsieur le comte de Lauzun; et, comme je l'ay bien instruit des intentions du Roy, je vous prie d'ajouster créance aux choses qu'il vous dira sur ce subjet, mêsme aux assurances qu'il vous donnera du desir que j'aurois de vous rendre service.

De Louvois.

INSTRUCTION POUR LA GARDE DE MONSIEUR LE COMTE
DE LAUZUN.

Le Roy veult que monsieur de Lauzun soit gardé avec toutes les précautions immaginables ; qu'il ne sorte jamais de sa chambre, non plus que le valet qui lui sera donné; qu'il n'aye ni papier ni ancre.

Qu'on n'ouvre jamais sa porte pour luy donner aucune des choses dont il aura besoin, que monsieur de Saint-Mars ni soit présent; et, quoy que Sa Majesté ne souhaitte pas que le sieur de Saint-Mars se relasche des précautions qu'il prend pour la seureté de monsieur Foucquet, il fault qu'il soit beaucoup plus alerte pour la garde de ce prisonnier cy, qu'il n'a esté besoin qu'il le fust pour l'autre, parcequ'il est capable de toute autre chose pour se sauver, par force ou par adresse, ou pour corrompre quelqu'un, que monsieur Foucquet.

Si l'appartement de monsieur Foucquet est plus seur qu'aucun autre, il fault que le dict sieur de Saint-Mars y mette monsieur de Lauzun, et qu'il mette monsieur Foucquet dans l'appartement ou loge présentement sa femme, faisant griller les fenestres et les cheminées, comme le sont celles de l'appartement où est présentement monsieur Foucquet, et boucher les portes de manière qu'il n'en reste plus qu'une, qui doibt, ce me semble, estre celle qui est à la ruelle du lict de madame de Saint-Mars, moyennant quoy, monsieur Foucquet seroit dans l'antichambre ou salle de madame de Saint-Mars, et auroit la chambre de la dicte dame de Saint-Mars, pour se promener, et ses garderobes luy pourroient servir, de manière que les portes éstant ainsy bouchées, une seule sentinelle pourroit garder la porte des deux prisonniers.

Madame de Saint-Mars pourroit loger dans l'appartement qu'occupoit cy-devant la dame de l'Estang, en attendant qu'on luy en fist une autre dans le dongeon, s'il y avoit une place propre pour cela, sans rien toucher aux magasins à bled.

Il ne donnera du papier et de l'ancre au dict sieur de Lauzun, soubs prétexte d'éscrire au Roy, qu'après qu'il en aura reçeu l'ordre de Sa Majesté, c'est à dire que, s'il le demandoit, il faudroit en éscrire auparavant que de le faire.

Il luy fera entendre la messe, les fêstes et les dimanches, à une autre heure que celle de monsieur Foucquet; en sorte qu'ils n'ayent communication l'un avec l'autre, ni qu'ils sçachent ou ils sont.

Il le fera confesser à Pasques, s'il le désire, par le mêsme confesseur de monsieur Foucquet.

En cas qu'il vienne à êstre malade, il le fera veoir par les mêsmes médecins et chirurgiens qui voyent monsieur Foucquet, et avec les mêsmes précautions qu'il apporte pour luy.

Sa Majesté luy fera payer la mêsme chose pour la nourriture du dict sieur de Lauzun, que pour celle du dict sieur Foucquet.

Il luy fera faire le linge et les habitz qui luy seront nécéssaires, ainsy qu'il fait au dict sieur Foucquet, observant que les habits soyent propres sans superfluités.

Il prendra soin de faire meubler sa chambre d'un bon lict, de siéges, tables, chenets et ustancilles de feu, et d'une tapisserie de Bergame, propre et honneste.

Il luy donnera un valet, soit l'un de ceux qui sont avec le dict sieur Foucquet, ou l'un des siens, lequel valet sera enfermé avec luy, et n'aura communication avec qui que ce soit, non plus que le dict sieur de Lauzun.

Il n'oubliera rien pour sçavoir ce à quoy s'occupera le dict sieur de Lauzun, et en rendra compte par tous les ordinaires.

Il mandera de quel nombre d'hommes sa compagnie debvra estre augmentée (1), pour subvenir à cette garde; s'il désire que l'on change quelqu'un de ses lieutenantz, ou que l'on y en mette d'autres.

Le sieur de Loyauté aura soin de faire travailler à toutes les réparations qui seront réglées; et comme la seure garde de ce prisonnier est très importante; s'il s'en acquitte bien, comme on se le promet, elle luy sera d'autant plus advantageuse, que l'exécution ponctuelle des choses cy-dessus, est de conséquence à Sa Majesté, et il ne s'en relâschera, sous quelque prétexte que ce puisse estre, qu'il n'en aye ordre exprés par éscrit.

DE LOUVOIS.

Fait à Saint-Germain en Laye, le 26 novembre 1671.

---

(1). Sa compagnie fut augmentée de 30 hommes d'infanterie.

A SAINT-MARS.

Saint-Germain, ce 17 décembre 1671.

Monsieur,

J'ay reçeu vostre dernière lettre, par laquelle vous me mandez la tranquilité avec laquelle tout se passe à la garde de vos prisonniers. Vous avez, comme je crois, présentement monsieur le comte de Lauzun, qui augmentera vos soins et vos diligences pour la seureté de vostre garde; et dorésnavant vous m'escrirez ponctuellement par tous les ordinaires, pour me faire sçavoir jusques aux moindres choses qui se passeront, et mêsme vous ne laisserez pas de m'éscrire, quand ce ne seroit que pour me dire qu'il n'est rien survenu de nouveau.

Je suis, monsieur,
Vostre très affectionné serviteur,
De Louvois.

AU MÊME.

Saint-Germain en Laye, ce 20 décembre 1671.

Monsieur,

Vostre lettre du 9 de ce mois m'a apris, qu'incontinent après l'arrivée du sieur Nallot à Pignerol, vous avez fait accommoder un logement pour monsieur le comte de Lauzun, au dessous de celuy de monsieur Foucquet, que vous tenez si seur et si bien fermé et grillé, que vous assurez qu'il ne pourra donner de ses nouvelles, ni en reçevoir de qui que ce soit, ni en aucune manière du monde se sauver. Sa Majesté est demeurée persuadée qu'avec vos soins et vostre activité, tout se passera bien ; mais elle estime que l'on pourroit encore adjouster à vos précautions une grille de fer, scellée en dedans la chambre, à l'ambrasure de ses fenêstres, et une autre à la cheminée, et voir à empêscher qu'il ne puisse parler à monsieur Foucquet, par la mêsme cheminée.

Je suis, monsieur,
Vostre très affectionné serviteur,

De Louvois.

AU MÊME.

Saint-Germain, ce 9 fébvrier 1672.

Monsieur,

J'ay reçeu toutes les lettres que vous m'avez éscrites, jusques et compris celle du 30 du mois passé. Le Roy a veu, par tout ce qu'elles contiennent, l'exactitude avec laquelle vous exécutez les ordres qu'il vous a envoyés à l'ésgard de monsieur de Lauzun. Sa Majesté désire que vous la continuyez, et que, sans vous arrêster à ses bonnes ou à ses méschantes humeurs, vous vous teniez au pied de la lettre à ce qu'elle vous a prescrit sur son sujet; et lorsqu'il vous proposera d'éscrire au Roy, ou à quelque autre personne que ce soit, vous luy réspondrez que Sa Majesté vous a deffendu de luy donner ni papier ni ancre.

Le Roy trouve bon que vous luy donniez deux valetz, afin que si l'un tombe malade, l'autre soit en éstat de le servir, pour ésviter, par ce moyen, de luy en fournir, dans ces occasions là, que l'on soit obligé de faire sortir après qu'elles seront passées; Sa Majesté veult bien toutesfois, que vous teniez à celuy des vôstres qui le sert présentement, la parolle que vous luy avez donnée, et que vous le laissiez sortir aussitôst que vous en aurez pris un autre qui s'enferme pour toujours avec monsieur de Lauzun, ou que celuy qui est tombé malade, sera en éstat de le servir. Vous debvez continuer à me mander ce que vous aprendrez de monsieur de Lauzun, et mêsme interroger soigneusement ses valetz, pour sçavoir à quoy il s'occupe, quand vous ne le voyez pas. Il ne fault pas que vous vous inquiettiez des emportemens qu'il peut avoir contre vous, ni des reproches qu'il vous fait; et, pourveu que vous suiviez bien les intentions du Roy, ne vous mettez point en peine du ressentiment que vos prisonniers pourroient avoir contre vous s'ils venoient à êstre mis en liberté.

Vous avez sans doubte après reçeu les livres qui vous ont ésté adressez par les soins de monsieur le Tellier pour les remestre à monsieur de Lauzun; et Sa Majesté veult bien même que vous envoyez achepter ceux qu'il vous pourra demander qui se trouveront à Turin, avec des livres de prières pour luy et pour ses valetz, en prenant les précautions nécéssaires pour empêscher que l'on ne puisse pas, par ce moyen, luy donner aucun advis, et, sur vos mémoires, je pourvoiray à vostre remboursement de la déspense que vous aurez faite.

Je donne présentement ordre au trésorier de vous envoyer les quatre mil, huit livres que vous avez despensées pour l'ameublement de l'appartement de monsieur de Lauzun et pour d'autres menues déspenses ; comme aussi le fondz de sa nouriture pendant les trois premiers mois qui a ésté reglé sur le pied de l'éstat cy-joint, et vous recevrez aussi en même temps celuy des gages des trois dernières années du second valet de monsieur Foucquet.

Il n'est pas bon qu'un prisonnier ayt de l'argent sur luy, c'est pourquoy il est à propos que vous demandiez, le plus civilement que vous pourrez, à monsieur de Lauzun, celuy qu'il a, et que vous l'assuriez que vous le luy rendrez ; que, s'il y faisait quelque difficulté, vous luy direz que vous en usez ainsi par ordre du Roy.

Il suffit que vous luy fassiez dire la messe les fêstes et dimanches, et qu'il se confesse les quatre grandes fêstes de l'année, et le jour de la Nostre-Dame d'aoust en cas qu'il le demande, et non pas davantage, amoins qu'il ne luy survinst quelque maladie griefve qui le mîst en danger de mort.

- L'on vous envoyera au premier jour le linge de monsieur de Lauzun pour le luy donner, et sa vaisselle d'argent. Vous visitterez fort exactement l'une et l'autre chose; et, après avoir fait déscoudre son linge en vostre présence, vous le ferez blanchir deux ou trois fois avant que de luy remettre.

Vous lui pourrez faire faire des habits lorsqu'il vous en demandera.

Envoyez-moy le nom des cadetz qui servent dans vostre compagnie pour pouvoir leur faire expédier des lettres pour les éstablir dans les lieutenances d'infanterie dont Sa Majesté a bien voulu les gratiffier à vostre recommandation.

Sa Majesté m'a commandé de renvoyer au sieur Rigon les expéditions de la pension que le Roy luy a cy-devant accordée, et de prendre soin de lui faire payer ponctuellement. Outre cela, Sa Majesté a bien eu agréable de luy donner six cens escus pour le payement des frais de ses expéditions en cour de Rome pour la dite pension. J'ay chargé le sieur Nallot de les luy faire tenir et il est certain qu'il les recevra incessament.

Je suis, monsieur,

Vostre très affectionné serviteur,

DE LOUVOIS.

AU MÊME.

Saint-Germain, ce 12 fébvrier 1672.

MONSIEUR,

Je vous envoye une lettre que monsieur de Guitry

escrit à monsieur de Lauzun touschant sa maison de Versailles. Vous luy en ferez la lecture et escrirez vous mêsme au bas la résponse qu'il voudra y faire et vous me la ferez tenir ensuitte.

Je suis, monsieur,

Vostre très affectionné serviteur,

De Louvois.

AU MÊME.

Saint-Germain, ce 20 fébvrier 1672.

Monsieur,

J'ay reçeu vostre lettre du 10 de ce mois. Je vous ay désja mandé que vous pouviez achepter à monsieur de Lauzun les livres dont il pourra avoir besoin, ainsy, s'il désire des heures, vous pouvez en faire achepter à Turin.

A l'ésgard de l'attlas qu'il vous a demandé, c'est un livre qui vaut mil éscus, et s'il vous en parle, il faut vous contenter de luy respondre que vous n'en avez point.

Vous debvez me marquer quelles sont les incommodités de monsieur de Lauzun, et comme je vous l'ay désja fait sçavoir, me mander jusques aux moindres choses que vous aprendrez de ses occupations, ou de ce qu'il vous dira.

Je suis, monsieur,

Vostre très affectionné serviteur,

De Louvois.

AU MÊME.

Versailles, ce 5 mars 1672.

Monsieur,

J'ay receu vostre lettre du 26ᵉ du mois passé avec la résponse qui y éstoit jointe de monsieur de Lauzun au billet que je vous avois adressé, laquelle vous luy pouvez dire que j'ay remise entre les mains de Sa Majesté; et, lorsqu'il vous demandera si je ne vous ai point fait résponse sur ce qu'il souhaite d'éscrire au Roy, ou à moy, dites luy que je vous ay mandé que l'ayant proposé à Sa Majesté, elle ne la pas agrée; que du reste si je ne luy ay point fait faire mes complimens quand il a ésté arresté, c'est que je n'ay pas creu qu'il fust en dispossition de les bien reçevoir, que néantmoins il peut s'assurer qu'en tout ce que mon debvoir me permettra, je luy rendray tous les services qui pourront déspendre de moy.

Je suis, monsieur,
Vostre très affectionné serviteur,
De Louvois.

AU MÊME.

Versailles, ce 16 mars 1672.

Monsieur,

J'ay receu vos lettres des 2 et 5 de ce mois par

lesquelles vous me mandez tout ce qui se passe à la garde de vos prisonniers. Lorsque monsieur de Lauzun a bruslé une planche au plancher de sa chambre, c'éstoit assûrément pour veoir ce qu'il y avoit dessoubz, et si pareille chose luy arrive, vous pouvez luy parler durement et luy déclarer que vous le ferez garder à veue; cependant il est bon que vous luy rendiez de fréquentes visittes; que vous regardiez souvent le dessoubs de son lit pour veoir s'il n'auroit point levé quelques planches pour essayer de se sauver par là, et qu'au surplus vous preniez toutes les autres précautions que vous pourrez, pour le tenir en seureté.

Je suis, monsieur,

Vostre très affectionné serviteur,

De Louvois.

AU MÊME.

Versailles, ce 28 mars 1672.

Monsieur,

J'ay apris par vostre lettre du 19 de ce mois, que vous avez fait sçavoir à monsieur de Lauzun ce que je vous avois éscrit de luy dire. Pour finir toutes les questions qu'il vous fait, il est à propos que la première fois qu'il vous demandera si on ne vous mande rien pour luy, ou la permission d'éscrire au Roy, vous luy réspondiez que Sa Majesté est partye pour aller en Hollande, et vous continuerez à m'informer de tout ce qui se passera.

Je suis, monsieur,

Vostre très affectionné serviteur,

De Louvois.

AU MÊME.

Versailles, ce 5 avril 1672.

Monsieur,

J'ay reçeu vostre lettre du 23 du mois passé qui m'aprend que monsieur de Lauzun continue tousjours à vous demander des nouvelles. Vous pouvez luy dire que le Roy est party pour aller commander l'armée qui doibt agir contre les Hollandois ; que Sa Majesté a donné le gouvernement général du Berry à monsieur le prince de Marcillac et sa charge de cappitaine des gardes du corps à monsieur le duc de Duras, et vous lui ferez en mêsme temps connoistre que vous vous éstes éschapé de luy dire ces nouvelles au préjudice des ordres exprés que vous avez, croyant que la chose n'est pas de conséquence, mais ne pouvant pas continuer, vous le priez de ne vous plus en demander, et que ce seroit inutilement, puisque vous ne luy en diriez plus.

Je suis, monsieur,

Vostre très affectionné serviteur,

De Louvois.

AU MÊME.

Saint-Germain, ce 20 juin 1670.

Monsieur,

Vos lettres des 17 et 20 du mois passé m'ont ésté rendues. Je suis bien ayse de voir qu'il ne se passe rien de nouveau touchant vos prisonniers; mais il ne fault pas se relâscher d'aucunes précautions.

Le Roy trouve bon que vous fassiez habiller d'ésté monsieur Foucquet et que vous luy donniez à lire les livres qui vous ont ésté remis par le sieur de Loyauté contenus dans le mémoire que vous m'avez adressé avec vostre lettre du 17; et, quoyqu'en les faisant achepter l'on ayt uzé de touttes sortes de précautions, vous pouvez néantmoins les revisitter encore avant que de les luy donner, et vous ne les luy déslivrerez que successivement l'un après l'autre.

Je suis, monsieur,
Vostre très affectionné serviteur.

De Louvois.

AU MÊME.

Chaville, le 23 janvier 1672.

Monsieur,

Le Roy ayant trouvé bon de faire donner à monsieur de Lauzun les livres mentionnez au mémoire cy-joinct, j'ay donné ordre qu'on les envoye à monsieur Dugué à Lyon, lequel je prie de vous les faire tenir à Pignerol. J'ay crû vous en debvoir donner advis par advance, afin que vous en soyez informé. Il sera nécéssaire que vous payez le port de ces livres depuis Lyon jusques à Pignerol.

Je suis, monsieur,
Vostre très affectionné serviteur,
LE TELLIER.

AU MÊME.

Paris, ce 25 janvier 1672.

MONSIEUR,

Vous aurez veu, par ma dernière lettre, que j'en avois reçu plusieurs des vostres, et que le Roy avoit trouvé bon que vous donnassiez à monsieur de Lauzun les livres mentionnez en une liste que je vous ay adressée, que je prendray soin de vous faire tenir. Lorsque mon filz sera de retour je luy remettray toutes vos lettres dont la dernière, que je viens de recevoir, est du 16 de ce mois.

Je suis, monsieur,
Vostre très affectionné serviteur,
LE TELLIER.

Depuis m'a lettre éscrite j'ay rendu compte au Roy

de vostre lettre du 12. Sa majesté a approuvé la résponse que vous avez faicte à celuy qui vous avoit porté la lettre de madame de Lauzun.

AU MÊME.

Saint-Germain en Laye, ce 10 aoust 1672.

Monsieur,

J'ay receu vostre lettre du 30 du mois passé par laquelle vous mandez la manière dont jusques alors vivoyent messieurs de Lauzun et Foucquet. Présentement que le Roy est de retour icy, vous debvez me faire sçavoir une fois par semaine tout ce qui se sera passé à la garde de vos prisonniers ; ce qu'ils diront, et ce à quoy ils s'occuperont, et particulièrement le dict sieur de Lauzun.

Vous aurez veu par la lettre, que j'ay dit au sieur Nallot de vous éscrire, et par celle que je vous ay envoyée par le courrier que je vous ay déspêché, les fondements d'un soubçon que l'on a voullu donner que monsieur de Lauzun recevoit et donnoit de ses nouvelles. Vous debvez, plusque jamais, veiller à la seureté de sa garde et à déscouvrir qui sont ceux de la citadelle avec qui les gens que l'on avoit arrestez à Turin, avoyent commerce.

De Louvois.

AU MÊME.

Saint-Germain en Laye, ce 29 aoust 1672.

MONSIEUR,

J'ay reçeu vostre lettre du 20 de ce mois. Vous ne sçauriez observer avec trop d'aplication ce qui se fait à la garde de vos prisonniers afin de découvrir, s'il se peut, ce qui s'est passé depuis que Heurtaut a ésté dans le pays. Il est impossible qu'il n'y ayt quelque chose de plus que ce que nous sçavons, et ainsy il faut faire parler Plassot de quelque manière que ce puisse estre et tirer la vérité de tout.

Il est apropos que vous éstudiez bien monsieur de Lauzun pour voir si les nouvelles que vous luy avez dites de la mort de ses deux amis, l'ont autant tousché qu'il le doibt estre, et si c'est la première fois qu'il les a aprises.

Je suis, monsieur,
Vostre très affectionné serviteur,
DE LOUVOIS.

AU MÊME.

Versailles, ce 21 septembre 1672.

MONSIEUR,

J'ai reçeu vostre lettre du 10 de ce mois qui contient

bien au long tout ce qui se passe à Pignerol, tant à la garde de vos prisonniers qu'à ce qui regarde l'intelligence que l'on vouloit avoir avec monsieur de Lauzun. Vous avez maintenant à vostre charge le sieur Mathonnet, et si le sieur de Loyauté l'interroge bien, il est sans doubte que l'on pourra tirer de luy et de la dame Carrière des esclaircissements de toute l'intrigue qu'il y a eüe auec Heurtault et Plassot.

Je suis, monsieur,

Vostre très affectionné serviteur,

DE LOUVOIS.

AU MÊME.

Versailles, ce 28 septembre 1672.

MONSIEUR,

J'ay receu vostre lettre du 17 de ce mois. Le Roy désire que vous gardiez le sieur Mathonnet ainsy que vos autres prisonniers.

Il n'y a présentement point de compagnie vaccante dans les vieux corps, si vous avez advis qu'il en vaque quelqu'une, vous pourrez m'en éscrire, et je m'employeray auprès du Roy pour la faire donner au sieur Duplessis.

Je vous envoyeray au premier jour les expéditions pour des charges subalternes que vous avez demandées pour les cadetz de vostre compagnie, marquez au mémoire que vous m'avez adressé.

Il est bon que vous continuyez à me mander en détail, comme vous avez fait en dernier lieu, tout ce que vous dira monsieur de Lauzun, et ce que vous pourrez aprendre de luy et de ses occupations.

L'on m'a donné advis que la dame Carrière et feu Heurtault, avoient touché en deux mois six cens pistolles de la part de celle qui les avoit envoyées. Il fault que vous fassiez vostre possible pour en tirer l'esclaircissement, tant de la dite dame Carrière que de Plassot, et sçavoir d'eux à quoy cet argent a ésté employé; vous pourrez en conférer avec le sieur de Loyauté.

Depuis ma lettre éscrite j'ay reçeu la vostre du 21 de ce mois qui contient bien particulièrement tout ce qui est venu à vostre connoissance. Je n'ay qu'à vous dire qu'à continuer à observer la mêsme exactitude.

Je suis, monsieur,
Vostre très affectionné serviteur,
DE LOUVOIS.

AU MÊME.

Saint-Germain, ce 14 octobre 1672.

MONSIEUR,

J'ay reçeu vostre lettre du 27 du mois passé. Vous

ne sçauriez manquer de donner des lumières au sieur de Loyauté pour déscouvrir toutte l'intrigue qui s'éstoit faite pour donner des nouvelles à monsieur de Lauzun et en recevoir de luy. Il est à propos que vous continuyez à garder soigneusement le sieur Mathonnet pour le faire parler; Sa Majesté sçachant très bien que pendant qu'il a ésté à Paris, il alloit souvent à Chaillot voir mademoiselle de la Motte d'Argencourt; et il faut qu'il soit de cette caballe-là.

Vous pouvez faire faire des habitz d'hiver pour monsieur Foucquet et ses valetz.

Je suis, monsieur,

Vostre très affectionné serviteur,

De Louvois.

AU MÊME.

Saint-Germain, ce 17 octobre 1672.

Monsieur,

J'ay reçeu vostre lettre du 8 de ce mois : vous pouvez faire donner à l'hermite que vous tenez prisonnier les nécessités dont il a besoin.

Si l'habit de monsieur de Lauzun n'est pas bon, vous pouvez luy en faire faire un autre, et le luy donner; il le mettra s'il veut ou le laissera dans sa garde-robbe. S'il arrive qu'il vous demande encore des nouvelles, vous luy réspondrez qu'il peut s'expliquer de celles qu'il voudra sçavoir, que vous éscrirez icy pour demander la permission de les luy dire, que vous espérez qu'on ne les luy refusera pas, et que vous luy advouez que celles que vous luy avez dites en dernier lieu, vous l'avez fait pour connoistre si des gens qui ont ésté arrestez à Pignerol ne voullant luy donner des lettres en avoyent fait passer jusques à luy.

Sa Majesté a trouvé bon de faire mettre la dame Carrière en liberté, à condition qu'elle sortira dans vingt-quatre heures de la ville et gouvernement de Pignerol, et de faire mettre aussy le sieur Mathonnet en liberté, avec deffense de faire aucune fonction de sa charge, et ordre de s'en deffaire en recevant deux mil éscus de réscompense. J'adresse pour cela les ordres nécessaires au sieur de Loyauté.

Je suis, monsieur,
Vostre très affectionné serviteur,
DE LOUVOIS.

AU MÊME.

Saint-Germain, ce 18 octobre 1672.

MONSIEUR,

Le Roy ayant trouvé bon que monsieur Foucquet veist la lettre et le mémoire de madame sa femme qui sont cy jointz, je vous les adresse afin que vous exécutiez ce qui est en cela des intentions de Sa Majesté, qui sont, qu'après que vous les luy aurez fait lire en vostre présence, vous luy en donniez la coppie éscrite de vostre main s'il le désire, et une feuille de papier avec de l'ancre et une plume, afin qu'après y avoir pensé quelques heures, il puisse mettre dessus son intention en vostre présence, après quoy vous me renvoyerez le tout pour le faire voir au Roy et l'envoyer ensuitte à madame Foucquet si Sa Majesté l'a pour agréable

Je suis, monsieur,

Vostre très affectionné serviteur,

De Louvois.

AU MÊME.

Monsieur de Saint-Mars, ayant trouvé bon de faire mettre en liberté Mathonnet, ayde Major de Pignerol, et la nommée Carrière, détenus prisonniers dans le donjon de ma citadelle du dit Pignerol, je vous éscrits cette lettre pour vous dire que mon intention est qu'aussy tôst que vous l'aurez reçeu vous ayez à faire relâscher le dit Mathonnet et la dite Carrière et à les laisser sortir du dit donjon, et la présente n'éstant pour autre fin je prie Dieu qu'il vous ayt, monsieur de Saint-Mars, en sa sainte-garde.

Louis.

Escrit à Saint-Germain en Laye, ce 20 octobre 1672.

J'adjouste ce mot pour vous dire que mon intention est qu'en mettant en liberté la dite Carrière vous luy ordonniez de ma part de sortir de Pignerol et du gouvernement de la dite place, vingt-quatre heures après quelle sera sortie du dit donjon, avec deffenses de rentrer jamais au dit Pignerol ni dans le dit gouvernement, à peine de désobéissance.

Louis.

Le Tellier.

AU MÊME.

Saint-Germain, ce 27 octobre 1672.

Monsieur,

J'ay reçeu vostre lettre du 15 de ce mois. Vous debvez avoir présentement veu entre les mains du sieur de Loyauté les ordres du Roy pour la liberté de la dame Carrière et du sieur Mathonnet à condition qu'elle sortira de la ville et gouvernement de Pignerol et que l'autre sera privé des fonctions de sa charge et s'en démettra moyennant deux mil éscus de réscompense.

Si l'on pouvoit faire parler Plassot ce seroit une chose fort advantageuse puisqu'assurément l'on déscouvriroit beaucoup de choses par luy et vous ferez bien de faire vostre possible pour cela.

Vous trouverez cy-jointe une lettre que madame Foucquet m'éscrit avec une autre lettre pour monsieur son mary. Sa Majesté trouve bon que vous fassiez voir l'une et l'autre à monsieur Foucquet. Vous les luy laisserez lire, luy donnerez du papier, une plume et de l'ancre pour y faire résponse et vous prendrez la peine de luy dire qu'il ne faut pas que dans sa résponse il y mêsle d'autres affaires que celles sur lesquelles madame Foucquet luy éscrit parce qu'autrement vous ne la pourriez pas envoyer, et vous m'adresserez le tout.

Je suis, monsieur,

Vostre très affectionné serviteur,

De Louvois.

AU MÊME.

Saint-Germain, ce dernier octobre 1672.

Monsieur,

J'ay reçeu vostre lettre du 22 de ce mois. Je ne puis qu'approuver la conduitte que vous tenez avec monsieur de Lauzun. S'il vous reparle des discours qu'il vous a tenus sur ce qui me regarde, réspondez luy que vous ne m'en avez rien mandé, l'ordre que vous avez reçeu de le garder portant que vous ne luy donnerez point de nouvelles ni n'en manderez qu'une fois par mois de luy, touschant sa santé seulement.

S'il vous parle plus de ce qu'est devenu du Barail, vous luy direz que vous vous en éstes informé et qu'on luy osta sa charge quinze jours après qu'il fust arresté.

Je vous adresse présentement des ordres (on vous

les envoyera au premier jour) pour faire instruire le procez au nommé Plassot par le sieur Pontz. Je souhaitte qu'il ayt l'industrie de tirer de luy ce qu'il est si important de sçavoir.

Je suis, monsieur,

Vostre très affectionné serviteur,

DE LOUVOIS.

AU MÊME.

Versailles, ce 10 novembre 1672.

MONSIEUR,

J'ay reçeu vostre lettre du 29 du mois passé avec la lettre de monsieur Foucquet pour madame sa femme à laquelle je l'adresse présentement. Si monsieur de Lauzun ne veut point avoir d'habit neuf, vous ne debvez point luy en faire faire, mais seulement vous contenter de luy en offrir de temps en temps.

Je suis, monsieur,

Vostre très affectionné serviteur,

DE LOUVOIS.

AU MÊME.

Versailles, ce 10 novembre 1672.

Monsieur,

Je vous adresse une lettre de monsieur le marquis de Seignelay pour monsieur de Lauzun par laquelle il luy fait sçavoir que le Roy voulant disposer de sa charge de cappitaine des gardes du corps, Sa Majesté désire qu'il en fasse sa démission; vous prendrez la peine de la luy remettre et de luy donner du papier et de l'ancre pour y faire résponse en vostre présence, et vous luy direz en mesme temps que sa lettre ne doit contenir autre chose, si ce n'est qu'il envoye sa démission, ou s'il (sic) ne le veut pas faire, à qui il désire que l'on remette l'argent de la récompense de sa charge, et à quoy il souhaitte qu'il soit employé, parceque, si elle contenoit autre chose, vous ne la pourriez pas recevoir ni envoyer icy, et parcequ'il me semble que vous luy avez cy-devant dit que sa charge de cappitaine des gardes éstoit possedée par monsieur le duc de Duras, et qu'il connoistra qu'elle n'a pas ésté remplie jusques-icy, il faut que vous luy fassiez entendre que cette nouvelle s'éstant trouvée dans les gazettes vous l'aviez creue, et que ce doibt éstre celle de monsieur de Charost; si le dit sieur de Lauzun veut envoyer à Sa Majesté la démission qu'elle luy demande, vous ferez venir un nottaire pour la passer afin qu'elle soit plus valable, et il est nécéssaire que tout se fasse devant vous, et que vous ne souffriez pas que le nottaire luy parle en particulier en aucune manière, et après cela vous ferez emporter le reste du papier et de l'ancre et m'envoyerez sa lettre et sa procuration.

Je suis, monsieur,

Vostre très affectionné serviteur,

De Louvois.

A MONSIEUR DE LAUZUN.

Versailles, le 9 novembre 1672.

Monsieur,

Le Roy m'ordonne de vous éscrire ces lignes pour vous faire sçavoir que Sa Majesté, voulant disposer de vostre charge de capitaine des gardes de son corps, elle désire que vous m'en envoyez la démission, et elle a désja donné ordre de faire payer à celuy que vous nommerez la somme de quatre cent mil livres, pour le prix de la dite charge en me remettant vostre démission.

Je suis, monsieur,

Vostre très humble et très obéissant serviteur,

Seignelay.

A SAINT-MARS.

Versailles, ce 15 novembre 1672.

Monsieur,

J'ay reçeu vostre lettre du 5 de ce mois. Vous avez eu raison de réspondre aussi doucement que vous avez fait aux emportemens de monsieur de Lauzun, mais il eust ésté bon que vous m'eussiez mandé au long tout ce qu'il vous a dit. S'il vous reparle des gens qui ont ésté arrestez prisonniers à Pignerol, vous pouvez luy nommer Heurtault et luy dire qu'il éstoit là de la part de mademoiselle de la Motte; vous pourrez encore, s'il vous demande qui a sa charge et qui le Roy en veult pourvoir sur sa démission, luy réspondre que c'est monsieur de Luxembourg.

Continuez à donner vos soins pour la fidelle exécution des intentions de Sa Majesté et soyez persuadé que j'auray soin de les faire valloir.

Je suis, monsieur,
Vostre très affectionné serviteur,

De Louvois.

AU MÊME.

Versailles, ce 22 novembre 1672.

Monsieur,

J'ay reçeu vostre lettre du 12 de ce mois. L'on ne

peut qu'aprouver ce que vous avez réspondu à la Carrière sur ce quelle vous a dit en sortant de prison, puisque vous ne croyez pas que l'on doibve se fier aux advis qu'elle donneroit.

Vous pouvez, et mêsme il est bon que vous me mandiez tout ce que vous dira monsieur Foucquet sur mon sujet, sans néantmoins vous charger envers luy de me le faire sçavoir.

Vous pouvez aprendre à monsieur de Lauzun la mort du nommé Lozière si vous croyez que cela contribue à vous faire connoistre s'il a eu des nouvelles, et vous me ferez plaisir de me mander exactement tout ce qu'il vous dit quand il est en colère.

Je vais faire travailler aux lieutenances que vous demandez et je vous les envoyeray aussi bien que l'expédition nécéssaire au sieur de Cachac pour estre payé des cinq derniers mois de cette année de ses appointemens de lieutenant dans le régiment de Piedmont; cependant je suis obligé de vous dire qu'on ne peut pas donner rang de cappitaine d'infanterie à vos lieutenans parceque dans l'infanterie l'on ne tient rang que du jour que l'on y est incorporé.

Je suis, monsieur,

Vostre très affectionné serviteur,

De Louvois.

AU MÊME.

Versailles, ce 27 novembre 1672.

Monsieur,

J'ay receu vostre lettre du 26 de ce mois par laquelle vous me mandez ce que vous a dit monsieur de Lauzun qui vous oblige à estre quelque temps sans le voir. Je vous prie de continuer à me mander tout ce qu'il vous dira.

Pendant que le sieur Logier sera malade, vous pouvez le mettre dans un lieu plus sain que celuy où il est, afin qu'il puisse guérir plus promptement et ne vous pas incommoder longtemps.

Je suis, monsieur,
Vostre très affectionné serviteur,

De Louvois.

AU MÊME.

Versailles, ce 5 décembre 1672.

Monsieur,

J'ay receu vostre lettre du 26 du mois passé, par laquelle j'aprends ce qu'a fait et dit monsieur de Lauzun en lisant celle de monsieur de Seignelay et j'attends par l'ordinaire prochain la résponse qu'il y fera, éstant persuadé que vous ne la recevrez point en cas qu'il y mêsle autre chose que le oüy ou le non sur la demande qui luy est faite. De quelque petite conséquence que vous paroisse ce que monsieur de Lauzun et monsieur Foucquet vous disent, il faut toujours que vous me le mandiez ; cependant vous pouvez aprendre au dit sieur de Lauzun la manière dont Heurtault s'est tué si vous croyez que cela vous soit bon à quelque chose.

Je vous envoyeray au premier jour un billet pour vous faire rembourser des avances que vous avez faites.

J'approuve ce que vous dites au sujet de vostre tambour, et vous pouvez le faire juger par les officiers de la citadelle, que je suis d'avis que vous fassiez assembler dans le donjon, où vous présiderez comme commandant.

Je n'ay jamais oüy parler que le Roy songeast à envoyer monsieur du Fay à Pignerol et je ne sçais qui peut en avoir donné l'advis par dela.

Je suis, monsieur,
Vostre très affectionné serviteur,

De Louvois.

A MONSIEUR DE LAUZUN.

Versailles, ce 12 de décembre 1672.

Monsieur,

Le Roy ayant crû voir par la lettre que vous avez

écrite à monsieur de Seignelay en résponse de celle que je vous ay adressée de sa part, que vous receviez de mauvais traittemens à Pignerol, m'a commandé de vous expliquer quels sont les ordres qu'a monsieur de Saint-Mars à vostre ésgard, afin que, s'il fait quelque chose au dela, vous puissiez m'en donner advis, et que, sur le compte que j'en rendray aussitôt à Sa Majesté, elle y puisse pourvoir. Monsieur de Saint-Mars vous donnera pour cela du papier et de l'ancre quand vous voudrez, pourveu que ce soit pour éscrire en sa présence, et me mander simplement en cinq ou six lignes ce en quoy il aura ésté contrevenu aux intentions de Sa Majesté, sans y mêsler quoy que ce soit autre ni pour Sa Majesté ni pour moy.

Monsieur de Saint-Mars a ordre de vous garder dans l'apartement qui vous a ésté préparé avec un valet qu'il vous a donné, sans souffrir que vous ni le dit valet en sortiez, ni que vous ayez ou donniez de vos nouvelles de vive voix ni par éscrit. Il a ordre de vous donner toutes les choses nécéssaires à la vie que vous pouvez désirer, et de ne manquer jamais en rien au respect qui est deub à vostre naissance et au rang que vous avez tenu à la cour, et de plus, de vous donner les livres qu'il pourra recouvrer quand vous luy en demanderez. Prenez, s'il vous plait la peine de bien examiner ce qu'il fera dorésnavant, et ce qu'il peut avoir fait par le passé de contraire à ce que je vous ay marqué cy-dessus des intentions du Roy et de me le mander, et je ne manqueray pas d'en rendre compte sur le champ à Sa Majesté qui y pourvoira de manière que cela n'arrivera plus.

A l'esgard de vos affaires domestiques, j'ay remis entre les mains du sieur Rollingue tout l'argent qui s'est trouvé dans vos cabinets avec les pierreries qui y estoyent après en avoir osté les portraits que le Roy n'a pas jugé à propos que l'on veit (1). Je luy ay remis aussy deux promesses de monsieur Davoüy qui se sont trouvées parmy vos papiers afin qu'il pust les faire renouveler.

Monsieur de Guitry et monsieur de Nogent ne sont plus, ayant ésté tués cette campagne à un passage du Rhin que le Roy fit passer par quatre mil chevaux à la nage pour aller bâtre les ennemis qui éstoient de l'autre costé; madame vostre sœur a ésté fort touchée de la perte de monsieur son mary, mais elle se porte bien présentement.

Je suis, monsieur,

Vostre très humble et très affectionné serviteur,

De Louvois.

A SAINT-MARS.

Saint-Germain, ce 4 janvier 1673.

Monsieur,

J'ay reçeu avec vostre lettre du 7 du mois passé le

---

(1) Sans doute ceux de Mademoiselle, de madame de Montespan, etc., etc.

mémoire qui y éstoit joint contenant la manière dont vous faites garder vos prisonniers, auquel Sa Majesté n'a rien trouvé à adjouster, et elle désire qu'uzant de toutte l'honnesteté possible, comme vous avez tousjours faict à leur égard, vous continuyez à exécuter les ordres qu'elle vous a donnez aussy ponctuellement que vous avez fait par le passé.

Il faut que vous envoyez dire à la dame Carrière que, quand le Roy luy a interdit le gouvernement de Pignerol, ça ésté en intention qu'elle ne demeurast plus au voysinage, et que si elle ne se retire à plus de dix lieues loing du dit Pignerol, vous luy envoyerez faire une injure.

Quand en discourant avec monsieur Foucquet vous retomberez sur les choses qu'il a à dire dont le Roy pourroit profiter, vous pouvez, sans faire semblant de rien, lui proposer de vous les dire, pour que vous les mandassiez, luy adjoustant que peut-être le zèle que le Roy verroit qu'il conserveroit pour son service, au milieu de ses souffrances, luy pourroit attirer quelqu'adoucissement ; mais il faut que cette conversation vienne bien naturellement, et qu'elle ne luy puisse paroître qu'un effect de la compassion que vous avez de sa longue prison.

A l'ésgard de monsieur de Lauzun, vous pouvez discourir avec luy pour le faire parler et quand il lui arrivera de s'emporter contre vous, et de vous dire que vous vangez les passions d'autruy, respondez luy que présentement, qu'il a par éscrit la manière dont le Roy vous a commandé de le traiter, si vous faites quelque chose au delà, il est en éstat de se plaindre, et qu'ainsy il ne faut plus qu'il vous fasse de pareils reproches, parceque vous éstes tout prest d'envoyer les lettres qu'il vous voudra donner pour cet effect, pourveu qu'elles soient conformes à ce qui vous a ésté prescrit, c'est à dire qu'elles ne contiennent que ce en quoy vous avez fait quelque chose contre les intentions du Roy, sans y mêsler ni prière ni autre terme que ce puisse êstre; cependant continuez à me mander jusques aux moindres choses qu'il vous dira, et à me tenir adverty de tout.

Je suis, monsieur,

Vostre très affectionné serviteur,

De Louvois.

AU MÊME.

Saint-Germain en Laye, ce 10 janvier 1673.

Monsieur,

J'ay reçeu votre lettre du dernier du mois passé. Je ne comprends point ce qui peut mettre en peine monsieur de Lauzun, ne luy ayant rien marqué dans ma lettre qui puisse luy faire croire que vous ayez rien mandé de mal de luy. Il fault éscouter tout ce qu'il dira, et luy réspondre honnestement, sans vous mettre en peine de ses collères; peut-êstre qu'elles diminueront présentement qu'il se jette dans la dévotion et que le Roy luy donne le moyen de signer sa démission.

Je suis, monsieur,
Vostre très affectionné serviteur,
De Louvois.

AU MÊME.

Saint-Germain en Laye, ce 10 janvier 1673.

Monsieur,

Le comte de Lauzun m'ayant éscrit qu'il voulloit bien donner sa démission de la charge de cappitaine des gardes du corps du Roy, Sa Majesté m'a commandé de vous faire sçavoir qu'elle trouve bon que vous luy fassiez venir un nottaire pour l'expédier, et la luy faire signer en la forme du modelle cy-joint; et, en cas que le dit sieur de Lauzun y voulust changer quelque chose, vous n'avez qu'à faire retirer le nottaire, avec l'ancre et le papier. Je vous adresse aussy une lettre pour monsieur de Lauzun que je vous prie de luy rendre.

Je suis, monsieur,
Vostre très affectionné serviteur,
De Louvois.

MODÈLE POUR LA DÉMISSION DU COMTE DE LAUZUN.

PAR DEVANT....

Fut présent en sa personne haut et puissant seigneur, etc....

Cappitaine des gardes du corps du Roy, lequel volontairement a déclaré qu'il s'est désmis et se désmet par ces présentes entre les mains du Roy nostre Sire, de la dite charge de cappitaine des gardes du corps de Sa Majesté, de laquelle il est pourveu, pour en disposer par sa dite Majesté au proffit et en faveur de telle personne qu'il luy plaira consentant que toutes provisions luy en soient expediées et déslivrées, promettant obligation. Fait et passé, etc.....

A MONSIEUR LE COMTE DE LAUZUN.

Saint-Germain en Laye, ce 10 janvier 1673.

Monsieur,

J'ay reçeu la lettre que vous avez pris la peine de m'éscrire que j'ay leue au Roy, qui a ésté bien ayse d'aprendre, par ce quelle contient, que monsieur de Saint-Mars n'ayt pas outre-passé les ordres qu'il a de Sa Majesté à vostre égard, elle avoit compris, par ce que vous aviez réspondu à monsieur de Seignelay, que vous ne vouliez pas donner vostre démission et elle avoit ordonné à monsieur Colbert d'expédier en faveur de monsieur de Luxembourg des provisions de la charge de cappitaine des gardes du corps que vous possédiez, en la mesme forme de celles de monsieur le duc de Noailles de la charge qu'avoit monsieur de Chandenier; mais depuis ce que vous venez de me mander, elle a trouvé bon que l'on en surcist l'expédition pour attendre vostre démission. Je mande à monsieur de Saint-Mars que l'intention du Roy est qu'il vous fasse venir un nottaire pour la signer.

Je suis, monsieur,

Vostre très humble et très affectionné serviteur,

De Louvois.

A SAINT-MARS.

Saint-Germain, ce 23 janvier 1678.

Monsieur,

Vostre lettre du 14 de ce mois m'a ésté rendue, par laquelle je voys que monsieur de Lauzun est présentement dans une grande tranquilité, sur quoy je n'ay rien à vous dire que pour vous recommander de m'informer toujours exactement de tout ce qu'il vous dira.

Le Roy veult bien que le sieur de la Prade remplisse la place de lieutenant de vostre compagnie qui est vaccante par la promotion du sieur Duplessis; mais, à l'ésgard du congé que demande le chevalier de Saint-Martin, je ne puis m'empêscher de vous dire que j'ay de la peine à voir venir icy vos officiers, parce que c'est les exposer à de grandes tentations de la part de ceux qui prennent intérêsts aux affaires de vos prisonniers.

Je suis, monsieur,
Vostre très affectionné serviteur,
DE LOUVOIS.

AU MÊME.

Saint-Germain, ce 30 janvier 1673.

MONSIEUR,

J'ay reçeu vostre lettre du 21 de ce mois; je vous en adresse une que vous pourrez faire voir à monsieur Foucquet comme de vous mêsme, c'est à dire ne luy laissant pas soupçonner que vous en ayez la permission, en cas qu'il veuille éscrire ce dont il vous a parlé. Vous pouvez luy donner cinq ou six feuilles de papier, de l'ancre et tirer parolle de luy qu'il vous les rendra éscrites ou blanches; et en effect au bout de quatre jours vous les retirerez et m'envoyerez ce qu'il y aura d'éscrit, le cachetant en sa présence, s'il le désire; que, s'il persiste à dire qu'il faudroit luy envoyer quelqu'un, il ne fault pas luy en parler.

Continuez, s'il vous plaist, à me mander ce que disent vos prisonniers, et quand ils ne vous diront rien vous me le ferez sçavoir afin que je puisse estre informé s'ils disent quelque chose ou s'ils ne disent rien.

Je suis, monsieur,
Vostre très affectionné serviteur,

De Louvois.

AU MÊME.

Saint-Germain en Laye, ce 30 janvier 1673.

Monsieur,

J'ay veu par vostre lettre du 21 de ce mois, que monsieur Foucquet vous a dit, touchant une pensée qu'il avoit eue, qui seroit fort utile au service de Sa Majesté, qu'il desireroit qui demeurast fort secrette, c'est à dire que personne que Sa Majesté n'en eust connoissance, et que je l'assurasse que je le servirois; sur quoy vous pouvez luy dire que j'ay fait jusques à présent tout ce qui a pû déspendre de moy pour luy rendre service dans les choses ou je l'ay pû sans blesser mon debvoir, et que je continueray avec plaisir, soit qu'il me confie sa pensée, ou qu'il ne le fasse pas. Que je ne puis luy envoyer personne sans en avoir la permission de Sa Majesté, laquelle ne la donneroit pas probablement si je la luy demandois. Ce qui me reste donc à faire pour son service, est, que vous pouvez luy donner six feuilles de papier pour y éscrire ce qu'il luy plaira, après quoy vous les cachetterez en sa présence, et me les envoyerez par le premier ordinaire; que je luy résponds que personne que le Roy ne verra ce qu'il aura éscrit, et que je luy conseille, en cas qu'il prenne ce party, de faire sçavoir sa pensée, de ne parler que de cela dans le papier qu'il envoyera, et surtout de n'y mêsler rien qui me regarde.

Je suis, monsieur,

Vostre très affectionné serviteur,

De Louvois.

AU MÊME.

Saint-Germain en Laye, ce 8 de febvrier 1673.

Monsieur,

J'ay reçeu avec vostre lettre du 28 du mois passé celle que monsieur de Lauzun m'a éscrite la veille. Je croyois luy avoir fait plaisir que de luy avoir procuré le moyen de signer une démission qu'il m'avoit fait demander en grace qu'il pûst signer. Il ne fault plus luy parler de rien, et s'il vous demande des nouvelles de la résponse que je vous ai faite, vous luy direz que Sa Majesté, ayant recongnu qu'il avoit changé d'advis depuis ce qu'il m'avoit éscrit touchant sa démission, ne désiroit plus que l'on luy en parlast, et que monsieur de Luxembourg seroit pourveu comme monsieur de Noailles l'estoit sans qu'il lui en coustast rien.

Je suis, monsieur,

Vostre très affectionné serviteur,

De Louvois.

AU MÊME.

Saint-Germain, ce 27 fébvrier 1673.

Monsieur,

J'ay reçeu votre lettre du 16 de ce mois, par laquelle j'aprens que vous avez donné du papier par compte à monsieur Foucquet pour éscrire le secret qu'il veult déscouvrir au Roy et la pensée qu'il a pour une chose qui me regarde. Lorsqu'il aura mis par éscrit ce qu'il a dans l'esprit, vous pourrez me l'envoyer, et s'il parle encore du secret qu'il y fault garder, vous luy direz qu'il n'y aura asseurément que moy qui le verra, et que pas un de mes commis n'en aura connoissance.

Je suis, monsieur,

Vostre très affectionné serviteur,

De Louvois.

AU MÊME.

Saint-Germain, ce 1ᵉʳ mars 1673.

Monsieur,

J'ay reçeu, par le courrier que vous m'avez despesché, vostre lettre du 23 du mois passé. Vous auriez aussi bien fait de ne le point envoyer et d'attendre le prochain ordinaire, puisqu'il n'y avoit rien de pressé et que la voie de la poste est aussi seure et plus mêsme que ne peut êstre un courrier exprès.

Il n'y a pas grand inconvénient que M. Fouquet sçache que le Roy ayt fait la guerre aux Hollandois; ainsy ne soyez point persuadé que vous ayez en rien manqué en luy donnant un livre qui le luy a apris.

Dites à monsieur Fouquet que vous ne m'avez point envoyé son compliment, ayant bien compris que, quoy que j'aye toujours paru avoir intention de le servir en ce qui me seroit permis, je ne serois pas bien ayse que vous vous en fussiez chargé sans ordre. Je vous éscris une autre lettre cy-jointe, laquelle vous luy pourrez montrer, et, s'il veult ensuite mestre par éscrit ce dont je parle par ma ditte lettre, vous luy donnerez du papier par compte comme vous avez désja fait, afin qu'il le puisse éscrire.

Je vous renvoye le susdit compliment, afin que vous puissiez le luy remettre entre les mains ou le brusler devant luy.

Le Roy ne désire pas faire une nouvelle prison

pour le sieur Bouticaris. S'il y a quelque porte ou fenêstre à raccommoder, pour qu'elle soit plus seure, vous les pouvez faire, mais il n'y fault pas faire d'autre déspense.

Je suis, monsieur,
Vostre très affectionné serviteur,

De Louvois.

AU MÊME.

Saint-Germain, ce 29 mars 1673.

Monsieur,

J'ay receu vostre lettre du 15 de ce mois, et j'ay leu fort exactement les papiers éscrits de la main de monsieur Foucquet. Après avoir considéré qu'il n'y marquoit pas ce qu'il dit êstre si important au service du Roy, et qui pouvoit luy procurer quelque soulagement dans sa peine, je n'ay pas jugé à propos de présenter ses mémoires à Sa Majesté ; vous le luy direz, et aussitôst que vous luy en aurez fait voir quelques feuilles, vous les jetterez au feu en sa présence.

Je suis, monsieur,
Vostre très affectionné serviteur,

De Louvois.

AU MÊME.

Saint-Germain, ce 27 avril 1673.

Monsieur,

J'ay reçeu vostre lettre du 15 de ce mois, par laquelle j'aprens ce que monsieur de Lauzun vous a chargé de me faire sçavoir : dites luy que vous me l'avez mandé, et que je vous ay prié de luy dire que je rendrois volontiers le service qu'il me demande s'il dépendoit de moy, qu'il peut se souvenir que je faits que ce que l'on me commande, et que ce n'est point de moy qu'il doit attendre du soulagement, puisque ce n'est point moy qui luy ay procuré la peine qu'il souffre présentement; que je luy suis fort obligé de l'offre qu'il me fait de sa démission pour monsieur de Luxembourg, et que sy j'y pouvois quelque chose, sa charge lui demeureroit, bien loing de la souhaitter pour un autre.

Je suis, monsieur,
Vostre très affectionné serviteur,

De Louvois.

AU MÊME.

Peronne, ce 6 may 1673.

Monsieur,

J'ay reçeu vostre lettre du 22 du mois passé, à laquelle je n'ay rien à réspondre. Je vous recommande seulement de veiller tousjours avec vostre exactitude ordinaire à la garde de vos prisonniers; et comme j'auray beaucoup d'affaires pendant la campagne, il suffira que vous m'informiez tous les mois de ce qui se passera, à moins qu'il ne survinst quelque chose d'extraordinaire.

Il y avoit auprès de monsieur de Lauzun, pendant qu'il éstoit à la cour, un nommé Barail, qui est un grand homme, assez pasle de visage, et menu du corps, âgé d'environ trente-cinq ans, que vous pouvez avoir autrefois veu lieutenant de la Bastille, lequel a tousjours paru icy depuis que monsieur de Lauzun a ésté arresté; et, comme on ne l'y voit plus depuis deux ou trois mois, cela me fait soubçonner qu'il pourroit bien estre allé du costé de Pignerol. Il est bon que vous vous mettiez en peine de déscouvrir s'il y est effectivement et d'empêscher qu'il ne puisse avoir aucun commerce contraire aux intentions du Roy à l'esgard du dit sieur de Lauzun; cependant vous me manderez ce que vous aurez apris.

Je suis, monsieur,

Vostre très affectionné serviteur,

De Louvois.

AU MÊME.

Au camp soubs Mastrick, ce 2 juillet 1673.

Monsieur,

J'ay receu vostre lettre du 21 du mois passé par laquelle je vois que vous gardez si seurement vos prisonniers que je n'ay qu'à vous recommander de continuer.

Lorsque M. Foucquet vous demandera des nouvelles, vous pourrez luy en dire du progrès des armes du Roy; mais il ne faut pas que cela s'éstende à autre chose, sous quelque prétexte que ce puisse estre.

Vous pouvez donner à Buticaris toute la liberté que vous jugerez à propos, pourveu que vous puissiez tousjours résponder de sa personne.

Le Roy veut bien que vous mettiez Plassot en liberté, et en faisant voir cette lettre au sieur de Loyauté, il luy donnera vingt éscus par charité pour se retirer chez luy.

Je suis, monsieur,

Vostre très affectionné serviteur,

De Louvois.

AU MÊME.

Nancy, ce 20 aoust 1673.

Monsieur,

J'ay reçeu vostre lettre du 5 de ce mois. J'ay donné ordre que l'on expédiast les lettres des charges que vous demandez pour les sieurs de Saint-Julien et de Voux, et je vous les envoyeray au premier jour; cependant, pour responre à ce que vous me mandez au sujet de monsieur de Lauzun, vous pouvez luy dire que vous ferez couper pendant cet hyver les branches des arbres qui l'incommodent, moyennant quoy elles ne le feront plus au printemps prochain, et vous pouvez aussy luy faire venir les perruques qu'il vous demande; mais vous ne les luy donnerez qu'après les avoir bien examinées.

Je suis, monsieur,
Vostre très affectionné serviteur,

De Louvois.

AU MÊME.

Nancy, ce 14 septembre 1673.

Monsieur,

J'ay reçeu vostre lettre du 2 de ce mois. J'approuve

fort que lorsque monsieur de Lauzun veut vous parler de moy vous demeuriez tousjours fort muet ; mais, lorsqu'il vous parlera de ses frères, vous pouvez luy dire que vous vous en éstes informé, et qu'ils se portent bien ; qu'à l'esgard de tout ce qui s'est trouvé luy appartenir lorsqu'il a ésté arresté, on l'a remis entre les mains du sieur Rollingue.

Vous avez bien fait de donner un sergent et deux soldats pour aller quérir à Lyon le sieur Caluzio, et, pour ce qui est du sieur Buticaris, lorsque le Roy sera à Saint-Germain, je luy parleray volontiers en sa faveur, et je tascheray d'obtenir sa liberté.

Je suis, monsieur,

Vostre très affectionné serviteur,

De Louvois.

AU MÊME.

Du 21 octobre 1673, à Versailles.

Monsieur,

J'ay reçeu vostre lettre du 11 de ce mois. Vous pouvez dire à M. de Lauzun que madame de Nogent se porte fort bien. Si l'on a mis entre les mains du sieur Rollingue ce que l'on a trouvé appartenant à mon dit sieur de Lauzun, c'est que l'on n'a congnû que lui qui se mêslast de ses affaires, et s'il désire que l'on les remette à quelque autre personne, il n'a qu'a s'en expliquer, et je prendray soin de tout ce qu'il pourra désirer sur cela. L'on ne luy a rien dict sur ses maisons de Versailles et de Saint-Germain, puisque feu M. d'Artagnan luy en ayant parlé, il réspondit comme un homme qui les voulloit garder; cependant elles dépérissent considérablement, et c'est encore à luy à s'expliquer sur cela de ce qu'il désire.

Vous pouvez continuer à faire donner à vos prisonniers leurs nécessitez, et vous n'avez pas besoing de reçevoir d'ordre pour cela.

Je suis, monsieur,

Vostre très affectionné serviteur,

De Louvois.

AU MÊME.

Versailles, ce 17 novembre 1673.

Monsieur,

J'ay reçeu vostre lettre du 8 de ce mois. Vous pouvez dire à monsieur de Lauzun que je ne puis luy donner aucun conseil sur la conservation de ses maisons de Versailles et de Saint-Germain, et tout ce que je puis faire est de me charger d'informer ceux qu'il voudra qui en prennent soin de ce qu'il aura résolu à cet ésgard.

Vous pouvez dorésnavant m'éscrire touttes les

semaines ce qui se passera à la garde de vos prisonniers.

Je suis, monsieur,
Vostre très affectionné serviteur,
De Louvois.

AU MÊME.

Saint-Germain en Laye, le 10 décembre 1673.

Monsieur,

Le sieur le Pautre, architecte du Roy, ayant représenté à Sa Majesté qu'il est poursuivi par le sieur Durand, trésorier payeur des gardes du corps, à luy restituer une somme de quatre mil cinq cens livres qu'il a touchée de luy à l'acquit de monsieur le comte de Lauzun, et sur et tant moins de celle de cinq mil livres qu'il prétend luy éstre par luy deue pour le bastiment qu'il luy a faict construire en ce lieu de Saint-Germain, et Sa Majesté voullant donner moyen au dit sieur le Pautre de retirer la quittance nécéssaire à la déscharge de ce trésorier pour faire cesser ses poursuittes, je vous adresse le projet de la dite quittance que le dit sieur le Pautre m'a remise avec les pièces dont il prétend justiffier la debte, afin que vous les fassiez veoir à monsieur le comte de Lauzun, et s'il a agréable de signer cette quittance, vous me la renvoyerez avec les dites pièces pour les remettre au dit sieur le Pautre, ou vous me ferez sçavoir ce qu'il vous aura réspondu sur cela.

Je suis, monsieur,

Vostre très affectionné serviteur,

De Louvois.

AU MÊME.

Saint-Germain en Laye, ce 18 décembre 1673.

Monsieur,

J'ay reçeu vostre lettre du 9 de ce mois, par laquelle vous me faites part de la résponse de monsieur de Lauzun sur ses intérêsts ; s'il vous demande ce que je vous ay réspondu sur ce sujet, dites-luy que je vous ay seulement mandé que je dirois à madame de Nogent ce qu'il souhaittoit, sans vous en mander davantage.

Je vous envoye le dupplicata de l'ordre que j'ay expédié au trésorier pour votre remboursement ; il sera bon de vous abstenir une autre fois, de faire venir des perruques si chères à mon dit sieur de Lauzun.

Je suis, monsieur,

Vostre très affectionné serviteur,

De Louvois.

INÉDITE. 227

AU MÊME.

Saint-Germain en Laye, ce 16 janvier 1674.

MONSIEUR,

J'ay reçeu vostre lettre du 6 de ce mois sur laquelle je n'ay qu'a approuver les résponses que vous faites à monsieur de Lauzun sur ce qu'il vous demande, et le party que vous prenez de ne point vous mettre en peine de tout ce qu'il vous dit.

Suivant ce que vous m'avez mandé, je vous éscris une autre lettre que vous pourrez faire voir à ceux de vos officiers qui vous demanderont des congez, afin de les obliger à demeurer assiduement auprès de vous.

Je suis, monsieur,
Vostre très affectionné serviteur,
DE LOUVOIS.

AU MÊME.

Saint-Germain en Laye, ce 22 janvier 1674.

MONSIEUR,

J'ay reçeu vostre lettre du 13 de ce mois. Vous avez bien fait de résponder à monsieur de Lauzun comme vous avez fait, et s'il vous demande encore des nouvelles, il faut que vous luy disiez que je ne vous ay point fait de réponse sur ce que vous m'avez éscrit ensuitte de ce qu'il vous a dit sur la paix. Cependant vous continuerez à me faire part de tout ce qui viendra à vostre connoissance.

Je suis, monsieur,

Vostre très affectionné serviteur,

De Louvois.

AU MÊME.

De Paris, ce 10 avril 1674.

Monsieur,

J'avois eu lieu d'attendre de vostre affection, qu'en suitte de ce que je vous avois mandé à l'ésgard du sieur de la Motte Lamire, vous auriez perdu le soubçon que vous aviez eu de luy, et que vous auriez bien vescu avec luy; mais j'aprends avec surprise que, voulant vous aller veoir à son arrivée, vous luy aviez fait dire de ne pas venir chez vous; cela ne s'accommode pas avec le service du Roy qui désire que tous les principaux officiers d'une place vivent en bonne intelligence, et m'oblige à vous dire que vous deviez vous détromper des impressions que vous aviez prises de luy, qui sont injustes et sans fondement. Le dit sieur de la Motte Lamire ne m'ayant jamais éscrit ni parlé contre vous, je veux croire qu'après cela vous changerez de conduite et vivrés bien avec luy; et en mon particulier vous me ferés plaisir, parcequ'outre que je l'affectionne, c'est un homme des services duquel le Roy est satisfait. J'éscris présentement au sieur de Loyauté de s'entremettre pour vous accommoder.

Je suis, monsieur,

Vostre très affectionné serviteur,

De Louvois.

AU MÊME.

Versailles, ce 10 avril 1674.

Monsieur,

Le Roy ayant eu la bonté d'accorder à madame Foucquet la liberté de pouvoir éscrire deux fois l'année à monsieur son mary, et d'en reçevoir autant de lettres; je vous adresse celle qu'elle luy éscrit, et je vous en envoyeray une autre dans six mois. Vous prendrez la peine de luy rendre celle-cy, et, après luy avoir donné deux jours pour luy laisser faire réflexion sur ce qu'il voudra mander à madame sa femme, vous luy donnerez de l'ancre et du papier pour y faire résponse, laquelle vous luy verrez faire, et puis vous prendrez sa lettre avec le papier et l'ancre, et vous me l'envoyerez.

Je suis, monsieur,

Vostre très affectionné serviteur,

De Louvois.

AU MÊME.

Au camp devant Bezançon, ce 16 may 1674.

Monsieur,

J'ay reçeu vostre lettre du 5 de ce mois. Monsieur de Lauzun éstant aussy malade que vous le mandez, il faut que vous ayez grand soin du réstablissement de sa santé, et que vous ne le laissiez manquer de rien de tout ce que les ordres de Sa Majesté vous permettent de luy donner pour son soulagement et sa guérison.

Je suis, monsieur,
Vostre très affectionné serviteur,

De Louvois.

AU MÊME.

Au camp de Chavans, le 8 juin 1674.

Monsieur,

J'ay reçeu vostre lettre du 30 du mois passé. Vous me ferez plaisir de continuer à me mander des nouvelles de la santé de monsieur de Lauzun, et, en prenant vos précautions pour sa seureté, vous ne sçauriez manquer de luy donner toutes les facilitez possibles pour le recouvrement de sa santé autant qu'elles ne seront pas contraires aux ordres du Roy que vous avez sur la manière de le garder.

Je suis, monsieur,

Vostre très affectionné serviteur,

De Louvois.

AU MÊME.

Versailles, ce 3 juillet 1674.

Monsieur,

J'ay appris avec plaisir, par vostre lettre du 23 du mois passé, que la santé de monsieur de Lauzun estoit moins mauvaise que par le passé. Je suis bien persuadé que vous avez pris tous les soins nécéssaires pour son soulagement; le Roy desire que vous les lui continuiez tout le plus que vous pourrez, en suivant les ordres que Sa Majesté vous a donnez pour la manière de le garder, dont elle ne désire pas néantmoins que vous vous relâschiez soubs quelque prétexte que ce puisse estre.

Je suis, monsieur,

Vostre très affectionné serviteur,

De Louvois.

CORRESPONDANCE

AU MÊME.

Versailles, ce 27 septembre 1674.

Monsieur,

J'ay reçeu vos lettres des 15 et 19 du mois passé. J'ay ésté bien ayse d'aprendre, par la dernière, le réstablissement de la santé de monsieur de Lauzun. Il faut que vous ayez soin de luy donner abondamment toutes les choses dont il aura besoin pour sa conservation, pourveu toutes fois qu'elles ne soient pas contraires aux ordres du Roy que vous avez pour la seureté de sa garde.

Je suis, monsieur,

Vostre très affectionné serviteur,

De Louvois.

AU MÊME.

Versailles, ce 12 octobre 1674.

Monsieur,

J'ay reçeu vostre lettre du 24 du mois passé, par laquelle j'ay veu l'éstat ou se trouvent messieurs de Lauzun et Foucquet. Vous continuerez à les secourir des choses dont ils auront besoin, autant néanmoins que les ordres du Roy, pour la seureté de leur garde, vous le permettront........

   Je suis, monsieur,

    Vostre très affectionné serviteur,

          Le Tellier.

AU MÊME.

Saint-Germain en Laye, le 30 janvier 1675.

Monsieur,

J'ay reçeu vostre lettre du 19 de ce mois, et j'ay rendu compte au Roy de ce qu'elle contient. Sa Majesté approuve que vous donniez, pour valet, à monsieur Foucquet, le prisonnier que le sieur de Vauroy vous a conduit; mais, quelque chose qui puisse arriver, vous debvez vous abstenir de le mettre avec monsieur de Lauzun, ni avec qui que ce soit, autre que monsieur Foucquet.

   Je suis, monsieur,

    Vostre très affectionné serviteur,

          De Louvois.

C'est-à-dire que vous pouvez donner le dit prisonnier à M. Foucquet, si son valet venoit à luy manquer et non autrement.

AU MÊME.

Saint-Germain en Laye, ce 11 mars 1675.

Monsieur,

J'ay reçeu vostre lettre du 26 du mois passé. Si vous pouvez trouver un valet qui soit propre à servir monsieur de Lauzun, vous pouvez le luy donner ; mais, pour quelque raison que ce puisse estre, il ne faut point que vous luy donniez le prisonnier que le sieur de Vauroy vous a amené, qui ne doit servir, en cas de nécéssité, qu'à monsieur Foucquet, ainsy que je vous lay mandé.

Suivant ce que vous désirez, j'éscris présentement au sieur de Loyauté qu'il peut vous faire remettre les appointemens de monsieur de Villefranche en qualité de capitaine de chevaux légers, pour les employer au maintien de sa compagnie, et ce, jusques à ce qu'il ait trouvé occasion de s'en deffaire.

Je suis, monsieur,
Vostre très affectionné serviteur,

De Louvois.

A COLBERT.

Au camp près Vesel, ce 18 juin 1675.

Monseigneur,

J'ay sçeu qu'il vous avoit plû d'expédier l'arrêst que

j'avois demandé, et tel que je l'avois demandé. Je ne puis m'empêscher de vous en rendre mille graces très-humbles comme d'une nouvelle marque de vostre bonté. Vous souffrirez bien, Monseigneur, que j'ose en attendre encore une autre, qui est si quelcun s'en plaignoit, ce que je ne pense pas, de me réserver une oreille avec l'équité qui vous est ordinaire, ou plustôst d'en vouloir prendre une entière et parfaite connoissance soit par vous mêsme, soit par autruy. J'espère que vous ne me trouverez jamais indigne des graces que vous me faites; du moins, vous puis-je assurer que personne ne les sent plus vivement que moy ni n'est avec plus de reconnoissance et plus de respect,

Monseigneur,
Vostre très-humble et très-obéissant serviteur,

Pellisson Fontanier.

AU MÊME.

Au camp de Heer-Hespen, ce 28 juin 1675.

Monseigneur,

J'ay très humblement supplié monsieur le marquis de Segnelay d'intercéder auprès de vous pour le président de Donneuche, et de vous envoyer un mémoire que quelques uns de ses amis ont dressé pour luy sur ce sujet. Je ne suis pas seulement de ce nombre, mais aussi du nombre de ses parens, et c'est pour moy un devoir naturel et indispensable de prendre part à son malheur, plus grand sans doute que vous ne le croyez, Monseigneur, par mille sortes de circonstances qu'il seroit trop importun de vous expliquer. Qu'il vous ayt, s'il vous plaist, Monseigneur, et que nous vous ayons touts avec luy, l'obligation immortelle de le tirer d'un si fascheux éstat. Je sçay combien peu je dois estre regardé en cela, mais je ne laisseray pas de mettre cette grace entre celles que j'ay reçüees de vostre bonté, et je suis fort assuré que vous n'en pouvez faire à personne qui soit plus que moy, ni avec plus de respect,

Monseigneur,

Vostre très-humble et très-obéissant serviteur,

Pellisson Fontanier (1).

AU MÊME.

Au camp de Stralen, ce 5 juillet 1675.

Monseigneur,

Je ne prens aujourd'huy la liberté de vous éscrire que pour les intérêsts de l'abbaye Saint-Germain des prèz.

---

(1) L'original de cette lettre appartient à M. le chevalier Jacob, savant antiquaire.

Trouvez bon que je vous supplie très humblement en premier lieu, de vouloir signer les lettres nécéssaires pour travailler à un nouveau Terrier. J'ay donné charge qu'on vous les présentast toutes conformes à celles que les religieux ont obtenues pour ce qui est de leur mense, lesquelles j'ay veues, et qui sont dans l'ordre commun.

Vous vous souviendrez, je m'assure, Monseigneur, vous qui n'oubliez rien, que j'eus l'honneur de vous parler à Versailles, par ordre du Roy, de l'indemnité pour la justice seigneuriale que vous avez réunie au nouveau Chastelet, sur quoy vous aviez désja résolu dès le commencement de donner, entre autres choses, le droit qui appartient au Roy pour les lods des éschanges dans la mêsme censive. Il vous plut de me dire alors, Monseigneur, que vous commanderiez qu'on en dressast les expéditions, et ce fut après que vous en eustes pris vous mêsme de nouveau l'ordre du Roy. Mais on partit bien tôst après, et sur l'espérance que nostre campagne pourroit êstre courte, je crus à propos d'attendre le retour, afin de vous faire considérer et examiner plus à loisir les mémoires que j'avois recueillis touchant l'importance de cette justice, tant pour les droits fixes, qui faisoient partie de la ferme, que pour les casuels consistants aux offices et confiscations qu'on n'y avoit jamais compris. Cependant, Monseigneur, sur ce que vous m'avez fait l'honneur de me dire en dernier lieu, je ne laissay pas, en passant un bail général, à commencer du premier janvier de cette année, de promettre aux fermiers la jouissance des lods des éschanges comme des autres, depuis ce temps la. A la vérité ce retardement n'est pas d'une grande conséquence pour eux, car ils ne peuvent rien reçevoir de ce casuel que sur des quittances visées de moy dont ils me comptent, et sur le prix de leur bail qui est de soixante six mille livres, je prens pour vingt mille ce qui proviendra de ce casuel, sans qu'il y ait aucun droit de recepte ni rien à profiter pour eux, si ce n'est en cas que ce casuel passast vint mille livres, auquel cas ils auront la moitié du surplus, ce que je n'ay pas fait difficulté de leur promettre, parce que, selon toutes les apparences, il n'ira jamais jusques là, les deux dernieres années, dans les comptes de monsieur Berryer, n'estant: l'une, que d'environ neuf ou dix mille livres, et l'autre, d'environ six, et touts les mémoires que j'ay pû avoir du passé depuis lontemps, n'allant dans les meilleures années qu'a douze ou quinze; à quoy il n'est pas vray-semblable que les éschanges puissent adjouster si considérablement au moins par les lumières qu'on en a pu prendre de l'archevêsché et d'ailleurs. Cependant, Monseigneur, comme par cette espérance, quoy qu'ésloignés de passer vingt mille livres, ils ont intérêst d'entrer en jouissance du local le plus tôst qu'ils pourront, et qu'au fonds, les deux droits en même main se fortifient l'un l'autre n'y ayant plus de fraude et rien ne pouvant éschasper, je vous serois très obligé si vous aviez agréable de signer l'un de deux arrêsts dont la minutte est c'y-jointe, pour nous donner la jouissance des lods des éschanges par provision, en attendant la liquidation plus exacte que vous pourrez faire de cette indemnité au rétour de S. M. ou autrement.

Je prens encore la liberté de joindre la minutte d'un autre arrêst qu'on croiroit également avantageux à l'abbaye, à tout le fauxbourg, et à l'intérêst du Roy en cette rencontre, comme il est fort court, et que l'exposé vous en dira les raisons, je ne m'y arrésteray pas icy davantage : je vous supplie seulement de croire, Monseigneur, que ces demandes, et toutes celles que je pourray jamais vous faire de pareille nature, sont et seront tousjours avec la soumission que je dois ésgalement à vos lumières et à vostre authorité, et qu'ayant les meilleures intentions du monde, je m'estimeray très heureux si vous avez la bonté de me gouverner et de me redresser. Personne n'est plus que moy ni avec un plus véritable respect,

Monseigneur,

Vostre très humble et très obéissant serviteur,

PELLISSON FONTANIER.

A SAINT-MARS.

Versailles, le 2 aoust 1675.

MONSIEUR,

Je vous adresse un mémoire du sieur Bruant, cydevant commis de monsieur Foucquet, sur lequel il a besoing d'avoir, de luy, un ésclaircissement pour se garantir de payer une somme considérable qui n'a point tournée à son proffit, comme vous pourrez voir par le dit mémoire. Vous le ferez lire en votre présence à monsieur Foucquet, et luy laisserez éscrire la réponse qu'il y voudra faire, laquelle vous m'envoyerez avec le dit mémoire incontinent après.

Je suis, monsieur,

Vostre très affectionné serviteur,

De Louvois.

AU MÊME.

Versailles, ce 12 aoust 1675.

Monsieur,

J'ay reçeu vostre lettre du 3 de ce mois, par laquelle vous me mandez les occupations et l'éstat de la santé de vos prisonniers. Je vous prie de continuer à m'en informer exactement, ainsy que de tout ce qu'ils vous diront; mais, lorsqu'ils vous demanderont si vous m'éscrivez ce qu'ils vous prient de me faire sçavoir, il faut leur résponder que vous avez ordre de ne me mander jamais autre chose que des nouvelles de leur santé.

Je suis, monsieur,

Vostre très affectionné serviteur,

De Louvois.

INÉDITE. 241

AU MÊME.

Versailles, ce 10 novembre 1675.

MONSIEUR,

J'ay reçeu vostre lettre du 30 du mois passé. Quoyque ce que vous disent vos prisonniers soit tous-jours à peu prez la mêsme chose, vous ne debvez pas laisser de me le mander. Comme les feuilles vont tomber présentement, vous ne pourrez plus voir ce que monsieur de Lauzun fera dans son appartement, et la lunette d'aproche qu'il a, luy pouvant fort bien servir à voir des signes que l'on luy feroit de dehors, vous pouvez la luy prendre, en faisant semblant de la trouver en visitant son appartement.

Je suis, monsieur,
Vostre très affectionné serviteur,

DE LOUVOIS.

AU MÊME.

Saint-Germain en Laye, ce 16 mars 1676.

MONSIEUR,

J'ay reçeu en mêsme temps vos lettres du 4 et 7 de

ce mois. Comme je ne doubte point que vous n'ayez reçeu présentement toutes celles que je vous ai éscrittes depuis l'arrivée de vostre courrier, je ne vous répéteray point ce qui y est contenu; je vous diray seulement qu'il ne faut rien réspondre à monsieur de Lauzun sur toutes les questions qu'il vous fait concernant Mademoiselle.

Vous ne sçauriez prendre trop de précautions pour prévenir à l'avenir, ce qui vous a pensé arriver; ni rien faire de plus utile pour cela, que de fréquentes visittes dans les chambres de vos prisonniers, dans lesquelles vous changerez tous leurs meubles de place, pour bien connoistre ce qui s'y passe.

Il y a quelques semaines qu'un nommé Lamy, qui avoit ésté mis dans les gardes du Roy par monsieur de Lauzun, et qui, depuis sa prison, en ayant ésté osté, s'éstoit mis au service de Mademoiselle, ne paroist point à Luxembourg; ce qui fait connoistre qu'il pourroit bien estre party pour aller au pays où vous êstes, et voir s'il ne pourroit point donner de ses nouvelles à M. de Lauzun; c'est de quoy Sa Majesté m'a commandé de vous advertir, afin que vous redoubliez vos soins pour sa garde.

Je suis, monsieur,

Vostre très affectionné serviteur,

De Louvois.

AU MÊME.

Saint-Germain en Laye, ce 26 mars 1676.

Monsieur,

La lettre que vous avez pris la peine d'éscrire à mon fils le 18 de ce mois, m'a ésté rendue en son absence. Vous aurez apris, par les lettres qu'il vous a éscritte, que le Roy approuvoit qu'avant que la porte de la citadelle de Pignerol fut ouverte, vous allassiez visitter vos prisonniers, et en effect, cette précaution est très nécessaire pour leur seureté; que Sa Majesté ne jugeoit pas à propos d'établir un cinquième sous-lieutenant dans vostre compagnie, les quatre que vous avez éstans suffisans, et surtout le chevalier de Saint-Martin, demeurant fixe dans le donjon la nuict, pour y faire la ronde. Je ne vous dis rien sur les gratiffications que vous demandez pour vos deux premiers lieutenants, parceque mon fils vous a fait sçavoir que la conjoncture n'éstoit pas favorable pour demander des graces pour eux.

Vous trouverez cy-jointe une lettre que madame Foucquet éscrit à monsieur son mary, laquelle Sa Majesté trouve bon que vous luy remettiez, et que vous luy donniez du papier et de l'ancre pour luy faire réponse.

Je suis, monsieur,

Vostre très affectionné serviteur,

Le Tellier.

AU MÊME.

Paris, ce 24 avril 1676.

Monsieur,

Monsieur, le duc de la Force ayant institué son héritier monsieur le comte de Lauzun, son parent, sous des conditions qui sont ésnoncées dans son testament, et éstant nécéssaire que le dit sieur comte de Lauzun déclare s'il veut ou non accepter cette hérédité, MM. ses parentz ont fait trouver bon au Roy que l'on vous adressast le dit testament avec un mémoire qu'ils y ont joinct, et un projet de procuration en la manière qu'il faudra que M. de Lauzun la fasse au cas qu'il veuille se porter pour héritier. Il sera donc nécéssaire que vous donniez part à Mr de Lauzun de ce que dessus; que vous lui donniez communication de ces papiers, et que vous fassiez entrer un notaire au donjon avec une personne de pratique, s'il en est besoin, pour faire la dite procuration en la manière portée par le dit project, sans y rien augmenter ni diminuer; aprez vous me renvoyerez cette procuration afin que je la puisse remettre à ses parentz. Je ne vous recommande pas d'êstre présent à tout, éstant persuadé que vous n'y manquerez pas.

Je suis, monsieur,

Vostre très affectionné serviteur,

Le Tellier.

INÉDITE.

AU MÊME.

Au camp de Sebourg, ce 1ᵉʳ may 1676.

Monsieur,

J'ay reçeu, avec vostre lettre du 18 du mois passé, celle du sieur Rignon qui y éstoit jointe. Je luy résponds au sens que vous proposez, par la lettre que je vous adresse, et je luy mande que, pour le soulager de la peine qu'il a de se rendre tous les jours à la citadelle de Pignerol, vous permettrez à l'aumonier de monsieur de Lauzun de dire la messe pour monsieur Foucquet les jours ouvriers : ainsy, il ne sera obligé d'y aller que les fêstes et dimanches.

Je suis, monsieur,
Vostre très affectionné serviteur,

De Louvois.

AU MÊME.

Au camp de Hurtebise, ce 18 may 1676.

Monsieur,

J'ay reçeu vostre lettre du 6 de ce mois. J'ay rendu compte au Roy de ce que monsieur de Lauzun vous a résponda sur la procuration que vous luy avez présentée touchant l'affaire de monsieur le duc de la Force. Sa Majesté croit qu'il est plus à propos qu'il nomme madame de Nogent pour sa procuratrice que le sieur de Rollingue, et c'est ce que vous luy ferez, s'il vous plaist, entendre, en luy présentant la dite procuration à signer.

Je suis, monsieur,
Vostre très humble serviteur,

De Louvois.

AU MÊME.

Au camp, près de Ninoue, ce 16 juin 1676.

Monsieur,

Vostre lettre du 30 du mois passé m'a ésté rendue. Il est juste de faire entendre la messe les fêstes et dimanches au valet de monsieur de Lauzun, qui s'est rendu catholique; mais il ne luy faut pas donner autre chose que du pain et de l'eau jusques à ce qu'il vous ait déclaré tout ce qu'il sçait du dessein qu'avoit monsieur de Lauzun lorsqu'il a éssayé de se sauver.

Je suis, monsieur,
Vostre très affectionné serviteur,

De Louvois.

AU MÊME.

Versailles, ce 30 aoust 1676.

MONSIEUR,

Je vous adresse une lettre de madame Foucquet pour monsieur son mary, que je vous prie de luy remettre, après quoy vous luy donnerez de l'ancre et du papier en la manière que vous avez accoustumée, pour y pouvoir faire résponse, et vous me l'adresserez afin que je la fasse tenir à madame Foucquet.

Je suis, monsieur,
Vostre très affectionné serviteur,

DE LOUVOIS.

AU MÊME.

Saint-Germain, ce 23 novembre 1676.

MONSIEUR,

J'ay reçeu vostre lettre du 14 de ce mois et par laquelle vous me faites part de l'éstat de vos prisonniers. Je vous prie de me mander qui est logé avec le sieur Dubreüil, que vous dites qui est si fol, me marquant son nom et celuy par lequel il vous a ésté amené; et, m'envoyant une copie de la lettre qui vous a ésté escritte pour le faire reçevoir, afin que je puisse mieux me remettre dans l'esprit quel il est.

 Le Roy a ésté informé depuis peu de jours, que le nommé du Barail, qui avoit ésté mis dans les gardes du Roy par monsieur de Lauzun, mène une manière de vie à Paris qui fait soubçonner à Sa Majesté qu'il n'ait quelque commerce avec monsieur de Lauzun, ou du moins qu'il espère en éstablir un bientôst, de quoy Sa Majesté m'a commandé de vous donner advis, afin que vous renouvelliez vos soins pour l'exécution de ses ordres pour l'avenir, et pour déscouvrir si monsieur de Lauzun auroit quelque commerce, ou si l'on auroit pris quelques mesures pour luy en faire avoir. Il me souvient qu'il vous a demandé de luy faire faire un habit par son tailleur de Paris, et je vois présentement qu'il vous demande des livres nouveaux; il ne seroit pas impossible que ce ne fust à intention que les envoyant achepter à Paris, cela donnast moyen de luy faire tenir quelque chose qu'on luy auroit préparé; ainsy, je crois qu'il seroit bon que vous luy demandassiez quels sont les livres qu'il désire, et où on les peut recouvrer : et me le mandant, je vous feray sçavoir dans la suitte ce que vous aurez à faire.

 Je suis, monsieur,

 Vostre très affectionné serviteur,

De Louvois.

AU MÊME.

Saint-Germain en Laye, ce 23 décembre 1676.

MONSIEUR,

J'ay reçeu vostre lettre du 4 de ce mois. Quoyqu'il n'y ayt point d'aparence que monsieur de Lauzun, en l'éstat où il est, ayt rien de considérable à faire sçavoir au Roy, néantmoins Sa Majesté trouve bon que vous luy donniez une feuille de papier, une plume et de l'ancre pour pouvoir m'éscrire sa lettre; qu'après qu'il l'aura faite, vous la fermiez en sa présence, et qu'ensuitte vous me l'envoyez par l'ordinaire; mais, au mêsme temps que vous luy donnerez de quoy éscrire, vous l'advertirez que, s'il mêsle quelque autre chose que ce qui concernera le service de Sa Majesté, j'ay ordre d'elle, de ne luy en point faire la lecture.

Je suis, monsieur,
Vostre très affectionné serviteur,
DE LOUVOIS.

AU MÊME.

Saint-Germain, ce 23 décembre 1676.

MONSIEUR,

J'ay reçeu vostre lettre du 8 de ce mois, par laquelle j'ay bien compris quel est le prisonnier qui est avec le sieur Dubreuil, lequel est très capable de faire le fol; mais comme ceux qui le sont effectivement se corrigent quelques fois par le châstiment, il n'est pas mal à propos qu'après vous estre expliqué à luy de la manière dont vous estes résolu de le faire traitter, s'il recommence à faire des extravagances, vous le fassiez châstier très rudement la première fois que cela luy arrivera, et qu'à mesure qu'il en fera, vous continuyez pendant quelque temps.

Je ne doubte pas que les précautions que vous prenez pour la seureté de monsieur de Lauzun, ne vous mettent hors d'éstat de rien apréhender de tout ce que l'on pourroit vouloir entreprendre pour luy donner des nouvelles, sans en venir à l'extrémité de luy oster son dernier valet et de loger un officier avec luy; cependant je vous prie de me mander comment le dit valet se conduit, et s'il continue à vous advertir de ce que fait son maître, comme il vous l'avoit promis. Tant que monsieur de Lauzun ne vous nommera point les livres qu'il désire, il n'est pas possible que je prenne l'ordre du Roy pour les luy envoyer.

Je suis, monsieur,

Vostre très affectionné serviteur,

DE LOUVOIS.

AU MÊME.

Saint-Germain en Laye, ce 11 janvier 1677.

Monsieur,

J'ay leu au Roy vostre lettre du 30 du mois passé. Sa majesté a approuvé les précautions que vous prenez pour la garde de vos prisonniers, et elle trouve bon que vous les continuiez, ne doubtant point qu'avec cela vous ne les empêschiez d'avoir des nouvelles de personnes, n'y d'en donner, n'y de s'éschapper de vos mains. Sa majesté vous recommande toujours d'avoir pour monsieur Foucquet et pour monsieur de Lauzun toutes les honnêstetez et les complaisances qui ne pourront point nuire à l'exécution de ce que je vous viens d'expliquer des intentions de Sa Majesté.

Au surplus, Sa Majesté, éstant satisfaite de vos services, et voulant bien vous en donner des marques, m'a commandé de vous faire sçavoir que, si vous traitez du gouvernement dont vous me parlez, elle voudra bien vous ayder de dix mil éscus pour vous donner moyen de l'achepter; je satisfaits avec plaisir à ce qui est en cela de l'intention de Sa Majesté, par la part que je prends à ce qui vous touche.

Je suis, monsieur,

Vostre très affectionné serviteur,

De Louvois.

AU MÊME.

Saint-Germain, ce 13 janvier 1677.

Monsieur,

J'ay reçeu vostre lettre du 2 de ce mois par laquelle j'ay veu les précautions que vous prenez pour garder seurement vos prisonniers, dont j'ay rendu compte au Roy. Puisque la menace que vous avez faite au prisonnier qui est avec Dubreuil, l'a désja rendu sage, vous ne debvez pas manquer de la luy renouveller de temps en temps, et à la première faute qu'il fera, le corriger rigoureusement, moyennant quoy vous le verrez devenir plus raisonnable qu'il ne vous a jamais paru.

Si vous croyez qu'il soit nécéssaire de séparer pendant trois ou quatre jours d'avec monsieur de Lauzun son nouveau valet, vous le pouvez faire pour essayer de tirer de luy ce qu'il sçait de mon dit sieur de Lauzun; et cependant vous mettrez ordre à ce que son lict soit fait et son appartement nettoyé, sans qu'il y arrive aucun inconvénient. Je ne doubte pas que je ne reçoive bientôst la lettre que monsieur de Lauzun me doibt éscrire, puisque, par une de mes précédentes, je vous ay mandé que vous pouviez luy en donner le moyen pour cette fois seulement.

Je suis, monsieur,

Vostre très affectionné serviteur,

De Louvois.

INÉDITE. 253

AU MÊME.

Saint-Germain, ce 9 février 1677.

Monsieur,

J'ay receu avec vostre lettre du 9 du mois passé, celle de monsieur de Lauzun avec son blanc seing. Je le luy renvoye avec la résponse que je luy fais présentement, laquelle je vous adresse ouverte, afin que vous puissiez, après l'avoir leue, la luy remettre; que, s'il vous demandoit à me faire résponse, vous debvez luy dire que vous n'osez pas luy donner ni papier ni ancre, mais, que pour luy faire plaisir, s'il veut vous dire quelque chose pour me le faire sçavoir, vous vous en chargerez et me le manderez pour cette fois seulement.

Je suis, monsieur,
Vostre très affectionné serviteur,
De Louvois.

A MONSIEUR LE COMTE DE LAUZUN.

Saint-Germain, ce 9 février 1677.

Monsieur,

J'ay receu la lettre que vous m'avez fait l'honneur de m'éscrire; et, ayant rendu compte au Roy de ce qu'elle contient, Sa Majesté m'a commandé de vous faire sçavoir que, comme vous n'avez pas voulu exécuter ce qui vous a ésté mandé de ses intentions, lorsque monsieur le maréchal de Luxembourg a ésté pourveu de la charge de capitaine des gardes que vous aviez, elle ne désire pas présentement se servir du blanc que vous m'avez envoyé pour le remplir de vostre démission, ce qui m'oblige de vous le renvoyer, et en même temps vous assurer que je contribuerois volontiers à adoucir vostre mauvaise fortune si j'y pouvois quelque chose, et que je suis véritablement,

monsieur,

Vostre très humble et très affectionné serviteur,

De Louvois.

A SAINT-MARS.

Saint-Germain, ce 21 février 1677.

Monsieur,

La lettre que vous m'avez éscritte le 6 de ce mois, m'a ésté rendue. Il y a désja quelques jours que j'ay fait réponse à celle de monsieur de Lauzun que vous m'avez envoyée, et je ne doubte pas que vous ne l'ayez présentement reçeu.

Je vous prie de continuer à me mander des nouvelles de la santé de vos prisonniers; et, pour respondre au surplus de ce que vous m'éscrivez, je doibs vous expliquer qu'il est vray que ceux qui frapent les prêstres, en méspris de leur caractère, sont excommuniéz; mais il est loisible de châstier un prêstre quand il est méchant, et que l'on est chargé de sa conduitte. Pourveu que celuy-cy soit autant en seureté avec le valet de monsieur de Lauzun, qu'il est avec le sieur Dubreuil; le Roy se remet à vous de le changer de prison, ou en cas que vous jugiez à propos de le laisser avec le dit sieur Dubreuil, de le faire attacher de manière qu'il ne luy puisse point faire de mal. Mais souvenez-vous de prendre garde au sieur Dubreuil, qui est un des plus artificieux fripons que l'on puisse rencontrer.

Je suis, monsieur,

Vostre très affectionné serviteur,

De Louvois.

AU MÊME.

Tournay, ce 6 may 1677.

Monsieur,

Vostre lettre du 24 du mois passé, m'a ésté rendue. Vous pouvez assurer monsieur Foucquet que monsieur son fils fait bien son debvoir et se distingue fort dans toutes les occasions.

A l'ésgard de vos autres prisonniers, vous n'avez qu'à continuer à les garder de la manière que le Roy vous l'a prescritte, et à me donner part, de temps en temps, de ce qui se passe.

Je suis, monsieur,

Vostre très affectionné serviteur,

De Louvois.

AU MÊME.

Versailles, ce 16 juin 1677.

Monsieur,

Madame Foucquet m'a envoyé la lettre que je vous adresse pour monsieur Foucquet. Vous aurez soin de la luy remettre et d'en tirer la résponse, avec les précautions dont vous avez accoustumé d'user, laquelle je vous prie de m'envoyer.

Je suis, monsieur,

Vostre très affectionné serviteur,

De Louvois.

AU MÊME.

Versailles, ce 21 juin 1677.

Monsieur,

J'ay receu vostre lettre du 12 de ce mois qui ne

désire de résponse que pour vous dire que vous pouvez donner quelques uns de vos livres à monsieur de Lauzun, jusques à ce que, s'expliquant de ceux qu'il veut avoir, vous me l'ayez mandé, et que je vous aye fait sçavoir l'intention du Roy.

Je suis, monsieur,

Vostre très affectionné serviteur,

De Louvois.

AU MÊME.

Versailles, ce 3 juillet 1677.

Monsieur,

Je vous adresse un mémoire que le sieur Vezon, médecin de Paris, a fait sur celuy que monsieur Foucquet a envoyé à madame sa femme de l'éstat où il se trouve, et des maux auxquels il est le plus subjet; je vous prie de le luy remettre.

Je suis, monsieur,

Vostre très affectionné serviteur,

De Louvois.

AU MÊME.

Versailles, ce 3 aoust 1677.

Monsieur,

Je vous adresse un mémoire que le Roy a trouvé bon

qui fust communiqué à monsieur de Lauzun, et comme il est bon, pour une entière seureté, qu'il n'ait point ce papier en original, il faut que vous en fassiez faire une coppie que vous luy donnerez avec du papier blanc et de l'ancre pour y faire résponse; mais, afin qu'il ne doubte point que cela soit envoyé par les gens qui se mêslent de ses affaires, vous pouvez luy montrer le dit original que vous retirerez après le luy avoir fait lire une fois, luy laissant seulement la coppie pour y faire réflexion; et puis le lendemain, en vostre présence, y faire résponse laquelle vous m'envoyerez.

Je suis, monsieur,

Vostre très affectionné serviteur,

De Louvois.

A COLBERT.

Ce 18 aoust 1677.

Monseigneur,

Le père de la Chaise m'ayant communiqué ces deux lettres qui luy ont ésté éscrittes, et ne s'agissant que d'un nouveau converti qui sollicite un employ auprès de vous et de monsieur le marquis de Seignelay au lieu de celuy que sa conversion (comme on le pretend) luy a fait perdre, j'ay crû ne pouvoir rien de mieux que de les faire passer en vos mains.

Ce père m'a dit qu'il vous en auroit parlé, ou à monsieur vostre fils, sans la répugnance qu'il a à se mêsler d'autre chose que de son employ pour les bénéfices. Il n'y prend nul autre intérêsts, ni moy non plus, que celuy que vostre zèle, et la piété édifiante de monsieur de Segnelay dont il faut se résjouir avec vous comme d'une très grande prospérité, nous obligeront l'un et l'autre d'y prendre vous mêsme, si vous jugez qu'il y ayt quelque bien à y faire la personne, qui m'a veu depuis, paroist raisonnable et honnêste, et ne pense point à ces gratifications que le Roy fait sur les œconomats.

Je prends encore la liberté de vous dire, monseigneur, que j'ay redonné aujourd'huy mêsme à Sa Majesté les propositions dont j'ay eu l'honneur de vous entretenir sur cette matière des conversions, luy disant mêsme que vous ne les aviez pas des-approuvées l'hyver passé, et qu'il éstoit temps d'y penser plus que jamais à cause des grandes et fréquentes occasions qu'elle void bien qui se présentent d'en faire un bon usage. Peut-être ne seroit-il pas inutile, monseigneur, que je pusse vous remettre les mêsmes choses devant les yeux avant que Sa Majesté vous en parlast, comme j'espère qu'elle le fera. J'avoüe mêsme, qu'à suivre mes souhaits, ce seroit plustôst dans vos allées de scaux que dans la foule de vos audiences; mais sçachant qu'il faut révérer vostre retraitte, je n'y penseray pas, à moins que vous eussiez la bonté de me faire dire par monsieur l'abbé Galois que je le puis, ce que je tiendrois en ce cas là à une très grande faveur. Je suis avec tout le respect et toute la reconnoissance possible,

Monseigneur,

Vostre très-humble et très-obéissant serviteur,

Pellisson Fontanier.

A SAINT-MARS.

Fontainebleau, ce 22 septembre 1677.

Monsieur,

J'ay reçeu vostre lettre du 11 de ce mois. L'on ne peut que fort approuver la conduite que vous avez tenüe à l'ésgard du valet de monsieur de Lauzun, pour le punir de s'êstre enyvré et l'empêscher de tomber une autre fois en pareille faute....

Je suis, monsieur,

Vostre très affectionné serviteur,

De Louvois.

AU MÊME.

Fontainebleau, ce 24 septembre 1677.

Monsieur,

Le frère aîsné de monsieur de Lauzun éstant mort,

madame de Nogent a représenté au Roy qu'il éstoit d'une extrême conséquence, pour la conservation de sa maison, qu'elle, M. le chevalier de Lauzun et un advocat pussent entretenir monsieur de Lauzun de l'éstat de ses affaires, et le porter à prendre une résolution sur la conduitte que lon y doit tenir; ce que Sa Majesté ayant eu la bonté de luy accorder, elle m'a commandé de vous faire sçavoir qu'elle trouve bon que, lorsque madame la comtesse de Nogent, M. le chevalier de Lauzun et le sieur Izarn, advocat, seront arrivéz à Pignerol, vous les fassiez entrer dans vostre apartement avec le commisaire Loyauté, et que vous y conduisiez monsieur de Lauzun pour, qu'en vostre présence et celle du dit commissaire Loyauté, madame la comtesse de Nogent, M. le chevalier, son frère, et l'advocat susdit puissent à haute voix l'entretenir de l'éstat de ses affaires et reçevoir ses ordres sur la conduitte qu'il voudra que l'on y tienne sans souffrir que l'on y donne aucun papier ni lettre, que l'on luy parle bas, ni que l'on traitte d'aucune affaire de quelque nature que ce puisse êstre que celles du bien de sa maison, et sans aussy que l'on y traitte le chapître de mademoiselle de Montpensier soubs quelque prétexte que ce puisse êstre; vous déclarant, tant avec mon dit sieur de Lauzun, qu'avec madame la comtesse de Nogent, M. le chevalier de Lauzun et l'advocat, qu'au premier mot qui se diroit sur d'autres matières que celles cy-dessus, ou au premier signe que vous vous appercevriez que l'on luy feroit ou si on luy voulloit donner quelque papier, vous le remèneriez dans sa prison et ne souffririez pas que la conversation allât plus avant; ce qu'en effet vous ne manqueriez pas d'exécuter. Sa Majesté trouve bon que les conversations, concernant les affaires de la maison de Lauzun, puissent durer, en quatre jours consécutifs, huit heures entières, c'est-à-dire deux heures chaque après disnée, après lesquelles vous remenerez monsieur de Lauzun dans sa chambre ordinaire avec de telles précautions, qu'il n'en puisse mésarriver dans le chemin ni pendant le temps qu'il sera dans vostre apartement; et après les quatre jours passez, vous ne laisserez plus parler monsieur de Lauzun aux personnes cy-dessus nommées, et vous le garderez en la manière qui vous a été prescripte jusques à présent. Je crois qu'il est inutile de vous recommander de redoubler vos soins pour la garde de vos prisonniers pendant le temps que madame de Nogent, M. le chevalier de Lauzun et l'advocat seront à Pignerol, et de veiller vos officiers et soldats de manière qu'ils ne puissent avoir aucune habitude ni conversation avec eux.

J'oubliois de vous dire que, si, pour l'exécution des choses que monsieur de Lauzun réglera pour le bien de ses affaires, il éstoit besoin de faire quelques éscritures, le Roy trouve bon que vous les luy laissiez éscrire en vostre présence; bien entendu que vous vous saisirez de tout ce qui sera éscrit et me l'envoyerez; que, s'il y avoit quelqu'acte à passer, vous feriez venir pour cela un nottaire, et vous m'en envoyerez aussy l'expédition afin que je la puisse remettre à madame de Nogent à son retour, après que Sa Majesté l'aura trouvé bon.

Affin que monsieur de Lauzun ne puisse ignorer la volonté du Roy, je luy éscrits la lettre cy-jointe, que vous luy remettrez s'il vous plaist le jour que la première conversation se devra commencer un peu auparavant son dîsner.

Je suis, monsieur,
Vostre très affectionné serviteur,
DE LOUVOIS.

A M. DE LAUZUN.

Fontainebleau, ce 29 septembre 1677.

MONSIEUR,

Le Roy ayant ésté suplié par madame de Nogent et monsieur le chevalier de Lauzun, de leur permettre de vous mener un advocat pour leur aider à vous expliquer l'éstat des affaires de vostre maison et vous donner son advis sur le party que vous avez à prendre, Sa Majesté la leur a bien voulu accorder à condition qu'ils ne vous parleroyent qu'à haute voix, et en présence de M. de Saint-Mars et du commisaire Loyauté. Elle a trouvé bon de régler qu'ils vous pourroyent entretenir pendant quatre jours deux heures sur ces sortes d'affaires, et le Roy m'a, en mêsme temps, commandé de faire sçavoir à M. de Saint-Mars que son intention est que si, soit par signe, soit par parolle, il éstoit, de vostre part ou de la leur, contrevenu en la moindre chose à ce qui a plu à Sa Majesté d'ordonner à cet ésgard, son intention est qu'il rompe la conversation et ne souffre plus que l'on vous revoye; de quoy j'ay crû vous debvoir informer, afin que, sachant les conditions soubs lesquelles Sa Majesté a permis que vous parlassiez à madame de Nogent, à M. le chevalier de Lauzun et au dit advocat, vous puissiez vous contenir dans les bornes que Sa Majesté a prescrites.

Je suis, monsieur,
Vostre très humble et très affectionné serviteur,
De Louvois.

A SAINT-MARS.

Versailles, ce 28 octobre 1677.

Monsieur,

J'ay reçeu, avec vostre lettre du 26 de ce mois, celle qui y éstoit jointe pour madame Foucquet, que je luy ay envoyée. Tant que monsieur de Lauzun sera assez malade pour ne pouvoir êstre porté dans vostre apartement, il ne sera pas en éstat d'entendre parler d'affaires; ainsy Sa Majesté ne juge pas à propos que vous luy laissiez aucune communication avec qui que ce soit, qu'après qu'il sera guéry ou en éstat d'êstre transporté dans vostre appartement.

Ayant veu, par la lettre de M. Foucquet qu'il désiroit qu'on luy envoyâst du thé, j'ay chargé le sieur Vezou d'en choisir; il m'a donné ce matin celuy qui se trouve dans le pacquet cy-joint, qu'il avoit chez luy et qui est très bon, duquel il fait un présent à monsieur Foucquet. Il ne s'en trouve point à Paris, mais il prendra soing d'en faire venir d'ailleurs, et, comme ce qu'il envoye durera un temps considérable, il pourra avoir le temps d'en choisir du meilleur qui se pourra trouver.

Je suis, monsieur,
Vostre très affectionné serviteur,
De Louvois.

AU MÊME.

Versailles, ce premier novembre 1677.

Monsieur,

J'ay reçeu vostre lettre du 23 du mois passé, par laquelle le Roy a veu l'extrême désir que tésmoigne monsieur de Lauzun d'avoir quelque fois la liberté de prendre l'air, surquoy Sa Majesté m'ayant demandé comment éstoyent faits les lieux des environs de sa prison, j'ay eu l'honneur de luy dire que je croyois que vous pouviez respondre de la garde de vos prisonniers et leur donner la satisfaction de se promener trois fois la semaine sur le rempart qui est vis-à-vis de leur apartement, ce qu'elle a trouvé bon d'agréer, et m'a commandé de vous faire sçavoir qu'elle désire que vous fassiez prendre l'air en vostre présence à différentes heures l'un de l'autre, en sorte qu'ils n'en ayent pas plus de communication ensemble qu'ils en ont présentement, avec les précautions nécessaires pour empêscher qu'il n'en puisse mésariver et qu'ils ne puissent avoir aucun commerce de vive voix ni par éscrit avec qui que ce soit.

La grace que Sa Majesté fait, s'éstend seulement à monsieur Foucquet et à monsieur de Lauzun, auxquels Sa Majesté veut bien, comme je vous ai marqué cy-dessus, que vous fassiez prendre l'air de deux jours l'un, pendant deux heures chaque jour, si le temps le permet; que si le fascheux temps les empêschoit de sortir deux jours de suitte, Sa Majesté vous permet de régler les jours de leurs promenades suivant que le beau temps et l'éstat de leur santé et de la vostre vous le permettra.

Que, s'il y a quelque retranchement ou barrière à faire pour que vos soldats n'aprochent point de vos prisonniers, ni que les officiers et soldats de la garnison ne se promènent point dans le lieu où vos prisonniers debvront prendre l'air, vous m'en envoyerez, s'il vous plaist, un plan avec un mémoire de ce que cela pourra coûster, afin que je prenne l'ordre du Roy sur la déspense qui sera à faire pour cet effet; cependant vous ne vous explicquerez à personne du dehors, que vous ayez reçeu l'ordre du Roy de faire prendre l'air à vos prisonniers, et vous direz seulement qu'éstant chargé de leur garde et d'en réspondre, vous faites cela de vostre chef, espérant que cela rendra leur santé meilleure. A l'ésgard de monsieur Foucquet et de monsieur de Lauzun, vous leur pourrez dire la grace que Sa Majesté leur fait, leur déclarant que la première fois que vous vous apercevrez qu'ils voudront ou recevoir ou donner des lettres ou faire quelque signe à quelqu'un, ils doibvent s'attendre à retourner dans leur chambre pour tousjours, sans jouir de la grace qu'il plaist à Sa Majesté de leur faire. Je crois qu'il est inutile que je vous dise que vous pouvez leur donner tous les jeux honnêstes qu'ils peuvent désirer en ce lieu là, soit pour y faire l'exercice, soit pour y passer leur temps, et que vous debvez tousjours y assister vous-mêsme, permettant à vos officiers de jouer avec eux en vostre présence aux jeux qu'ils désireront.

Que si, pour éspargner vostre temps et pour vostre soulagement particulier, vous aimiez mieux les faire promener tous deux en mêsme temps, Sa Majesté vous permet de le faire, pourvu que vous soyez tousjours présent aux conversations qu'ils auront ensemble, et que vous preniez vos mesures pour qu'il ne puisse y avoir entre-eux deux de communication particulière.

Je finiray en vous disant que Sa Majesté ne désire pas que vous vous expliquiez de ce que dessus à vos prisonniers, ni que vous commenciez à l'exécuter jusques après le départ de Pignerol de madame de Nogent, de M. le chevalier de Lauzun et de ceux qui les ont accompagnéz.

Je suis, monsieur,
Vostre très affectionné serviteur,
DE LOUVOIS.

AU MÊME.

Versailles, ce 9 novembre 1677.

MONSIEUR,

J'ay veu, par les lettres que vous m'avez éscrittes les 27 et 30 du mois dernier, ce qui s'est passé à l'ésgard de monsieur de Lauzun depuis l'arrivée de madame de Nogent et de M. son frère. Je m'attends de voir, par les premières que je reçevray, le détail de leurs dernières entrevues; cependant, pour respondre à ce que vous me mandez sur vos interésts, je ne puis que vous prier de m'expliquer quelle est la marque d'honneur que vous désirez que le Roy vous donne, afin que, si je juge qu'elle soit de nature que Sa Majesté vous la puisse accorder, je luy parle en vostre faveur, ne doubtant pas qu'elle ne vous donne dans les occasions des marques de la satisfaction qu'elle a de vos services.

Je suis, monsieur,

Vostre très affectionné serviteur,

DE LOUVOIS.

AU MÊME.

Saint-Germain, ce 17 novembre 1677.

MONSIEUR,

Vostre lettre du 2 de ce mois m'a ésté rendue. Je

n'ay rien à vous dire au sujet de monsieur de Lauzun, si ce n'est que le Roi est satisfait de la conduitte que vous avez tenue dans l'entrevue qui s'est faite avec luy de madame de Nogent et de monsieur le chevalier de Lauzun, et que vous n'avez qu'à continuer à garder vos prisonniers de la manière que Sa Majesté vous l'a prescrit.

Je suis, monsieur,
Vostre très affectionné serviteur,
De Louvois.

AU MÊME.

Saint-Germain, ce 27 novembre 1677.

Monsieur,

J'ay receu vostre lettre du 17 de ce mois. Je ne parleray point au sieur de la Motte la Mire de la permission que le Roy a accordée à vos prisonniers de se promener, et il suffist que vous soyez content des fermetures qui sont dans l'endroit où vous leur ferez prendre l'air.

Le Roy approuve la déspense que vous avez projettée pour faire lever les murailles du lieu où ils se promeneront; mais Sa Majesté trouve bon qu'elles ne soyent éslevées qu'autant qu'il sera nécessaire pour la seureté de leur garde et que vous leur laissiez tout l'air et toutte la veue qui pourra s'accommoder avec cela.

Au surplus, Sa Majesté veut bien encore que vous leur donniez tous les jeux qu'ils pourront désirer pour s'amuser pendant le temps de leur promenade, approuvant fort que vous ne les laissiez point jouer d'argent pour les raisons que vous me marquez.

Sa Majesté veut bien aussy que leurs valets se promènent avec eux, c'est à dire avec monsieur de Lauzun celuy qu'il a, et avec monsieur Foucquet un des siens; à chaque fois qu'il sortira, et il pourra les faire sortir tour-à-tour.

Sa Majesté approuve encore que vous fassiez promener monsieur Foucquet et monsieur de Lauzun à différentes heures et point ensemble; et que, quand il fera beau, lorsque vostre santé vous le permettra, vous acourcissiez ou alongiez la promenade, suivant que vous le voudrez. Sa Majesté ne veut pas qu'ils se promènent lorsque vostre santé ne vous permettra pas d'estre avec eux.

Vous pouvez dire à monsieur de Lauzun que madame sa sœur est arrivée icy en bonne santé.

Vous pouvez donner à monsieur Foucquet le *Mercure Galand*.

Je vous réspons dans le moment que je reçois vostre lettre, afin que vous ne retardiez pas de faire jouir vos prisonniers de la consolation qu'il plaist à la piété de Sa Majesté de leur accorder.

Je suis, monsieur,

Vostre très affectionné serviteur,

De Louvois.

AU MÊME.

Saint-Germain, ce 27 novembre 1677.

Monsieur,

Je vous adresse, par cet ordinaire, une boitte de plomb remplie de thé pour monsieur Foucquet. Quoyque je ne croye pas qu'il y ait dedans autre chose, il est néantmoins bon de prendre toutes les précautions possibles pour empêscher qu'on ne luy fasse rien tenir par cette voye, c'est ce qui m'oblige de vous dire qu'il est nécessaire que vous portiez cette boitte dans la chambre de monsieur Foucquet pour y vuider tout le dit thé dans un autre vase, et ensuite vous emporterez la boitte de plomb et le papier qui peut êstre dedans, en sorte qu'il ne luy puisse rester quoyque ce soit, que le dit thé.

Je suis, monsieur,
Vostre affectionné serviteur,
De Louvois.

AU MÊME.

Saint-Germain, ce 26 décembre 1677.

Monsieur,

J'ay reçeu vostre lettre du 11 de ce mois. Je n'ay

rien à adjouster à ce que je vous ay mandé touchant la liberté que le Roy veut bien que vous donniez à vos prisonniers de se promener dans le temps qui vous est prescrit, et je me remets à vous de faire ce que vous jugerez à propos à l'ésgard des deux valetz de monsieur Foucquet que vous proposez de mener à la promenade avec lui.

Je vous prie de faire à monsieur Foucquet, un remercîment de ma part sur toutes ses honnêstetés.

Je suis, monsieur,
Vostre très affectionné serviteur,
DE LOUVOIS.

AU MÊME.

Saint-Germain, ce 8 avril 1678.

MONSIEUR,

J'ay reçeu avec vostre lettre du 26ᵉ du mois passé, les vers que vous a donné monsieur Foucquet; il faut continuer à me faire sçavoir ce que vous disent vos prisonniers, et vous pouvez prendre tous les papiers qu'ils vous donneront, mais vous observerez de faire en sorte qu'ils ne puissent jamais croire que vous me les ayez envoyéz.

Je suis, monsieur,
Vostre très affectionné serviteur,
DE LOUVOIS.

AU MÊME.

Saint-Germain, ce 25 avril 1678.

Monsieur,

J'ay reçeu vostre lettre du 16 de ce mois qui ne désire de résponse que pour vous dire que le Roy trouve bon que vous apreniez à monsieur Foucquet les nouvelles courantes, suivant que Sa Majesté vous l'a désjà permis.

Je suis, monsieur,
Vostre très affectionné serviteur,

De Louvois.

AU MÊME.

Saint-Germain, ce 13 juin, 1678.

Monsieur,

J'ay reçeu vostre lettre du 4 de ce mois qui ne désire de résponse que pour vous recommander de continuer à me faire sçavoir ce qui se passera entre vous et vos prisonniers. Cependant, vous me ferez plaisir de demander, à monsieur Foucquet, de l'eaü que l'on appelle de *Casselunette*, et un mémoire de la manière dont elle se fait.

Je suis, monsieur,

Vostre très affectionné serviteur,

De Louvois.

AU MÊME.

Saint-Germain, ce 5 juillet 1678.

Monsieur,

J'ay receu vostre lettre du 29 du mois passé qui m'a informé, fort en détail, de ce que font et disent vos prisonniers.

Je vous remercie de l'eaü de *Casselunette* qui y éstoit jointe, et vous me ferez plaisir de me mander l'éffect qu'elle aura fait sur les yeux de l'ayde-major de la citadelle de Pignerol que vous me mandez qui s'en est servy. Cependant vous continuerez, s'il vous plaist, à m'informer de tout ce qui se passera à l'ésgard de messieurs Foucquet et de Lauzun.

Je vous adresse une lettre de madame Foucquet que vous prendrez la peine de rendre à monsieur son mari; et, au cas qu'il y veuille faire résponse, vous luy donnerez pour cela de l'ancre et du papier avec les précautions ordinaires et m'adresserez sa lettre.

Je suis, monsieur,

Vostre très affectionné serviteur,

De Louvois.

INÉDITE. 275

AU MÊME.

Saint-Germain ce 29 juillet 1678.

Monsieur,

J'ay reçeu vostre lettre du 20 de ce mois. Le Roy trouve bon que vous envoyez à Paris le sieur de Blainvilliers pour vacquer à vos affaires particulières, observant de choisir pour cela le temps qu'il sera moins nécessaire auprèz de vous. En cas que la charge de cappitaine des portes de la citadelle de Pignerol vienne à vacquer, vous aurez, s'il vous plaist, soin de m'en advertir, et je la demanderay volontiers au Roy pour le sergent de vostre compagnie que vous proposez.

Je vous recommande tousjours de continuer à me faire sçavoir ce que vous aprendrez de vos prisonniers, et d'avoir un très grand soin de fournir à monsieur Foucquet toutes les choses qui pourront estre nécessaires pour le recouvrement de sa santé.

Pour vous donner moyen de vous déscharger du sieur de Cachac, lieutenant de vostre compagnie, le Roy veut bien, lorsqu'il vacquera une bonne compagnie, l'en gratiffier ; et, si en ce temps là, vous continuez à proposer le sieur de Villebois, ayde-major de Pignerol, pour remplir sa place, Sa Majesté luy donnera son agréement.

Je suis, monsieur,
Vostre très affectionné serviteur,
De Louvois.

AU MÊME.

Saint-Germain, ce 3 aoust 1678.

Monsieur,

J'ay fait rendre à madame Foucquet la lettre que vous m'avez adressée de monsieur son mary; et, sur ce que j'ay veu par la lecture que j'en ay faite qu'il avoit besoin de thé pour sa santé, j'en ay fait achepter par le sieur Vezou, médecin, la quantité de trois livres que je vous envoye dans la boitte de fer blanc cy-jointe, laquelle vous pourrez luy remettre après l'avoir visitée.

Je suis, monsieur,
Vostre très affectionné serviteur,

De Louvois.

AU MÊME.

Versailles, ce 18 octobre 1678.

Monsieur,

Vostre lettre du 8 de ce mois m'a ésté rendue. L'on ne peut que louer la discrétion que vous avez sur les chagrins que vous donne monsieur de Lauzun. Je vous exhorte de n'y avoir aucun ésgard et de continuer à luy donner toutes les assistances qu'il pourra désirer dans sa maladie, qui ne seront pas néantmoins contraires à la manière dont vous avez ordre du Roy de le garder.....

Je suis, monsieur,

Vostre très affectionné serviteur,

De Louvois.

AU MÊME.

Fontainebleau, ce 24 octobre 1678.

Monsieur,

Vostre lettre du 15 de ce mois m'a apris qu'encore que monsieur de Lauzun se porte beaucoup mieux, il ne laisse pas d'estre tousjours fort chagrin. Continuez à luy donner tous les soulagemens qu'il se pourra, sans néantmoins vous dispenser de le garder avec les précautions que Sa Majesté vous a prescrittes.

Je suis, monsieur,

Vostre très affectionné serviteur,

De Louvois.

AU MÊME.

Versailles, ce 1ᵉʳ décembre 1678.

Monsieur,

J'ay entretenu le sieur de Bainvilliers et je continueray à luy parler de temps en temps dans les heures de loisir que je pourray avoir; cependant, j'ay rendu compte au Roy de ce qu'il m'a dit de l'éstat de vos prisonniers, et Sa Majesté ayant fait réflexion que le valet de monsieur de Lauzun, lequel vous luy avez osté pour luy avoir aydé à sortir de sa prison, a ésté suffisament puny de sa faute, et que sa liberté ne peut porter aucun préjudice à son service; elle m'a commandé de vous faire sçavoir qu'elle trouve bon que vous le mettiez en liberté et que vous luy fassiez donner cent éscus pour se retirer en son pays, lesquels, le commissaire Loyauté luy fera payer en luy montrant cette lettre. L'intention de Sa Majesté est au surplus que vous ordonniez au dit valet, de se rendre en son pays, et que vous luy deffendiez, à peine des gallères, d'aprocher de Paris de plus près que cinquante lieües, sans la permissiou de Sa Majesté.

Que, si par quelque considération que Sa Majesté ne peut pas prévoir, vous jugiez que la liberté de ce misérable pûst préjudicier à la garde de vos prisonniers, vous en rendrez compte à Sa Majesté avant que de rien exécuter du contenu en cette lettre.

Je suis, monsieur,

Vostre très affectionné serviteur,

De Louvois.

AU MÊME.

Saint-Germain, ce 23 décembre 1678.

Monsieur,

Je vous adresse une lettre de moy, pour monsieur Foucquet, que l'intention du Roy est que vous luy donniez fermée comme vous la trouverez; que vous portiez dans sa chambre de l'ancre, du papier, un cachet et de la cire d'Espagne, et que vous l'y laissiez afin qu'il puisse y faire réponse à loisir, et que vous m'adressiez toutte fermée la lettre qu'il vous donnera pour moy. Comme le Roy trouve bon qu'il m'en éscrive dorésnavant, lorsqu'il le désirera, vous luy donnerez autant de papier d'ancre et de cire qu'il vous en demandera. Vous luy laisserez le cachet dont il se sera servy pour m'éscrire la première fois; et, lorsqu'il vous donnera des lettres soit fermées, soit ouvertes pour moy, vous me les adresserez en l'éstat qu'il vous les remettra.

Cecy est l'intention du Roy.

Je suis, monsieur,
Vostre très affectionné serviteur,
De Louvois.

AU MÊME.

Saint-Germain, ce 18 janvier 1679.

Monsieur,

J'ay reçeu vostre lettre du 7 de ce mois, avec le pacquet qui y éstoit joint de monsieur Foucquet. Je vous adresse un mémoire qui vous informera si particulièrement de la volonté de Sa Majesté, à l'ésgard de vos prisonniers, que je n'ay rien à y adjouster que pour vous prier d'êstre bien persuadé de la part que je prends en ce qui vous tousche et de la joye avec laquelle je proffiteray tousjours des occasions que j'auray de vous servir.

Je vous adresse deux lettres pour messieurs Foucquet et de Lauzun que vous leur rendrez en leur aprenant la grace que le Roy a trouvé bon de leur accorder.

Je suis, monsieur,

Vostre très affectionné serviteur,

De Louvois.

AU MÊME.

Mémoire de la manière dont le Roy désire que monsieur de Saint-Mars garde, a l'advenir, les prisonniers qui sont a sa charge.

L'intention de Sa Majesté est, qu'il fasse entendre à

messieurs Foucquet et de Lauzun, qu'elle veut bien qu'ils éscrivent à l'advenir à leurs familles, lorsqu'ils le désireront, et qu'il a ordre de m'adresser touttes les lettres qu'ils luy remettront entre les mains pour, après en avoir rendu compte à Sa Majesté, les faire tenir à leurs adresses.

Que le Roy s'attend qu'ils ne tenteront point d'éscrire par aucune autre voye que celle du dit sieur de Saint-Mars, parceque, si Sa Majesté aprenoit qu'ils l'eussent entrepris, ou que monsieur de Saint-Mars s'en aperçeust, son intention seroit qu'ils fussent gardéz avec la même sureté qu'ils l'ont ésté dans les premières années de leur prison, et qu'ils fussent privéz de touttes les graces que Sa Majesté permet qui leur soyent faites présentement.

Elle trouve bon que monsieur Foucquet et monsieur de Lauzun se voyent en toutte liberté, touttes fois et quantes qu'ils le désireront, c'est-à-dire qu'ils passent les journées ensemble, qu'ils mangent ensemble et si ils le désirent, Sa Majesté trouve bon que monsieur de Saint-Mars mange avec eux.

Elle veut bien aussy qu'à toutte heure, les officiers de monsieur de Saint-Mars jouent et conversent avec eux.

Qu'ils se promènent à touttes les heures qu'ils le désireront, non seulement dans le donjon, mais encore dans toutte la citadelle, avec les précautions marquées cy après.

Sa Majesté croit qu'il n'y a point d'inconvénient que monsieur Foucquet se promène dans l'éstendue de la citadelle avec un officier de monsieur de Saint-Mars, accompagné de quelques sergents ou soldats.

Mais, à l'ésgard de monsieur de Lauzun, l'intention de Sa Majesté est, qu'il ne sorte point du donjon, sans monsieur de Saint-Mars, deux officiers avec luy et six sergents ou soldats arméz : Sa majesté éstant persuadée qu'il est plus capable que monsieur Foucquet, de songer à se sauver; et il est bon de laisser entendre à mon dit sieur de Lauzun, que ces gens armés d'armes à feu, qui marchent à sa suite, sont la pour tirer sur luy, s'il faisoit le moindre effort pour s'évader; l'on ésvitera, néantmoins, d'en venir à cette extrémité, en prenant touttes les précautions nécessaires pour empêscher qu'il ne soit tenté de s'y exposer.

Sa Majesté trouve bon que dans les dites promenades, les officiers, tant majors que de la garnison de la citadelle qui s'y trouveront, leur parlent et conversent avec eux; pourveu que monsieur de Saint-Mars ou de ses officiers, soyent toujours présents pour entendre ce qui se dira.

Elle veut bien aussy, que touttes sortes de livres et de gazettes leur soyent donnéz; que les officiers, tant majors de la garnison de la citadelle qu'ils demanderont pour leur tenir compagnie pendant la journée, entrent et soyent enferméz dans leur apartement, pourveu qu'il y ait toujours un officier de monsieur de Saint-Mars présent. Le dit sieur de Saint-Mars leur expliquera, avec toutte sorte d'honnesteté, que le jour qu'il s'apercevra qu'ils penseront à se sauver ou à donner des nouvelles par d'autre voye que par la sienne, il remettra leur garde sur le pied de la première année de leur prison, sans en attendre d'autre ordre de Sa Majesté, et en effect, son intention est qu'il l'exécute.

Il continuera à rendre compte au Roy, touttes les semaines, de ce qui se passera à la garde de ses prisonniers, et de tout ce que luy, ou ses officiers, leur entendront dire qui méritera d'êstre rapporté à Sa Majesté.

Lorsque pour l'exécution de quelques ordres, que le dit sieur de Saint-Mars pourroit recevoir de Sa Majesté, il conviendra que personne de dehors n'entre au donjon, il fera dire à ses prisonniers qu'ils peuvent se divertir entre-eux et avec les officiers du donjon, mais, qu'à cause de quelqu'indisposition, il ne peut pas vacquer à les mener promener hors du donjon.

Et, à l'ésgard des gens du dedans de la citadelle qu'ils pourroyent demander, il leur fera dire qu'ils éstoyent sortis, lorsqu'on les est allé chercher et qu'on ne les a pas trouvé chez eux.

Monsieur de Saint-Mars comprendra de tout ce que dessus, que Sa Majesté, ayant eu compassion de la longue punition de ces messieurs, elle veut bien leur accorder une prison plus douce, mais qu'elle veut tousjours qu'ils ne puissent sortir de prison que par son ordre; et ainsy, le dit sieur de Saint-Mars, dans tous les plaisirs qu'il leur accordera, aura tousjours ésgard, avant touttes choses, à la seureté de leurs personnes.

Il pourra arriver que, dans quelques mois, Sa Majesté permettra que des gens de la ville leur viennent tenir compagnie, mêsme, que leurs parens les viennent voir, èt particulièrement la femme et les enffans de monsieur Foucquet; mais, Sa Majesté ne désire pas que l'on fasse rien sur cela sans son ordre exprèz, ni que monsieur de Saint-Mars leur tésmoigne la connoissance qu'il a de l'inclination dans laquelle Sa Majesté est de leur accorder cette grace, jusques à ce qu'elle luy permette de le leur faire sçavoir.

Sur le moindre soubçon qu'auroit monsieur de Saint-Mars, que quelqu'un de ces messieurs songeâst à se sauver, il le renfermeroit comme il éstoit par le passé; rendroit compte à Sa Majesté du fondement de ses soubçons, et attendroit ses ordres.

Comme il aura besoin de tous ses officiers, pour bien exécuter ce qui est marqué cy-dessus de l'intention de Sa Majesté, le sieur de Blainvilliers sera adverty de s'en retourner incessamment.

Touttes les fois que monsieur Foucquet dessendra dans la chambre de monsieur de Lauzun, ou que monsieur de Lauzun montera dans la chambre de monsieur Foucquet, ou quelqu'autre éstranger, monsieur de Saint-Mars aura soin de retirer le nommé Eustache et ne le remettra dans la chambre de monsieur Foucquet que lorsqu'il n'y aura plus que luy et son ancien valet.

Il en uzera de mêsme lorsque monsieur Foucquet ira se promener dans la citadelle, faisant rester le dit Eustache dans la chambre de monsieur Foucquet, et ne souffrant point qu'il le suive à la promenade que lorsque mon dit sieur Foucquet ira seul avec son ancien valet pour se promener dans le lieu où Sa

Majesté a trouvé bon depuis quelque temps que monsieur de Saint-Mars luy faist prendre l'air.

Cecy est la volonté de Sa Majesté.

Je suis, monsieur,

Vostre très affectionné serviteur,

De Louvois.

Fait à Saint-Germain, ce 20 janvier 1679.

Garde de mon trésor royal, monsieur Gedeon Dumetz, payez comptant au sieur de Saint-Mars, cappitaine de la compagnie d'infanterie, qui sert à la garde des sieurs Foucquet et Lauzun, la somme de *quinze mil livres*, que je luy ay accordée par gratiffication, en considération de ses services et pour luy donner moyen de me les continuer. Et rapportant par vous la présente avec quittance du dit sieur de Saint-Mars seulement, la dite somme de x6. 9 livres, sera employée au premier acquit de comptant, qui sera expédié par certification à vostre déscharge.

Fait à Saint-Germain en Laye, le 30 janvier 1679.

Comptant au trésor-royal.
Bon.

Louis

Le Tellier.

AU MÊME.

Saint-Germain, ce 15 febvrier 1679.

Monsieur,

J'ay receu vostre lettre du 4 de ce mois avec celles que vous ont remis vos prisonniers; vous en trouverez les résponses cy-jointes et vous me ferez plaisir de me mander un peu en déstail ce qui se passera entr'eux. Si vous aviez releu vostre instruction toutte entière, vous auriez veu que les articles généraux dont vous me parlez, sont restraincts par ceux qui sont dans la suitte de l'instruction, car par exemple il est dit : que touttes les fois que pour quelqu'incommodité ou pour autre chose concernant le service du Roy, comme pourroyent êstre les affaires qu'à celuy de vos parens dont vous m'avez envoyé une lettre, vous ne serez pas en éstat de les acompagner à la promenade, vous leur debvez faire dire que vous êstes incommodé et leur permettre seulement de se voir ou quelqu'officier que vous envoyerez pour leur tenir compagnie.

Mais, pour vous instruire encore plus particulièrement, je réspondray article par article à vostre lettre, et je vous diray que le Roy trouve bon que vous preniez un jour de la semaine pendant lequel ces messieurs ne pourront sortir de leurs apartemens. Sa Majesté trouve bon que vous les meniez dîsner avec madame de Saint-Mars touttes les fois que vous le voudrez quand bien mêsme il y auroit des éstrangers ou des officiers de la ville ou de la citadelle, pourveu que vous connoissiez les éstrangers pour n'êstre point gens à rien faire contre le service du Roy.

Lorsque les affaires pour lesquelle le sieur de Richemont est chez vous, seront passées, vous pourrez, sans difficulté, permettre que monsieur d'Herville aussy bien que les officiers de la ville, rendent visitte à messieurs Foucquet et de Lauzun, mais jusques à ce temps là, il importe que ni monsieur d'Herville ni les officiers de la ville n'y aient pas un commerce fréquent, et c'est pour cela, que dans l'instruction qui vous a ésté envoyée, il ne vous a esté parlé ni du dit sieur d'Herville ni des dits officiers.

Le Roy se remet à vous de régler avec monsieur Foucquet, comme vous jugerez à propos, ce qui regardera la seureté de la personne du nommé Eustache Danger, vous recommandant sur tout, de faire en sorte qu'il ne parle à personne en particulier.

Ce ne peut jamais êstre l'intention du Roy que vous laissiez ouverts les appartemens de messieurs Foucquet et de Lauzun ; mais bien, que quand ils voudront passer leurs journées, matinées ou aprés dînées dans l'apartement l'un de l'autre, vous les y meniez ou fassiez mener par vos officiers et les y fassiez enfermer pour les en ressortir à l'heure dont vous serez convenu avec eux.

Que de mésme, lorsqu'ils désireront quelqu'officier de la citadelle pour leur tenir compagnie, vous les fassiez entrer dans leurs apartemens avec un officier lesquels vous en retirerez à l'heure dont vous serez convenu, et qu'ainsy, par des douceurs de cette nature, vous donniez occasion à ces messieurs de passer le temps moins tristement qu'ils n'ont fait par le passé.

A l'ésgard de la promenade, le Roy vous a permis de confier monsieur Foucquet à quelques uns de vos officiers, ainsy, vous n'aurez la fatigue que d'y mener monsieur de Lauzun, ce que vous ne ferez que pendant de certaines heures par jour que le Roy vous laisse la liberté de régler, et pour plus grande seureté pendant que ces messieurs se promeneront, vous pourrez demander que les guichets de la citadelle soient ferméz.

Le Roy a approuvé que vous ayez fait faire un habit à monsieur de Lauzun et que vous luy fassiez faire un lict. Vous pouvez aussy faire couvrir les siéges de monsieur Foucquet et luy donner des tapis nœufs.

Je vous prie de rendre la lettre cy-jointe à monsieur de Richemont.

Sa Majesté ne juge pas à propos de vous envoyer d'officiers refforméz, et il faut qu'avec la compagnie qu'elle vous entretient, vous fassiez le service dont vous êstes chargé; ce ne vous sera pas une chose difficile, puisque si vous aviez encore besoin de quelques gens, vous pourriez demander des officiers et des sergents à monsieur de Rissan pour vous accompagner, en menant vos prisonniers à la promenade.

Je vous adresse un pacquet de madame Foucquet que vous remettrez, s'il vous plaist, à monsieur son mary. Vous en trouverez aussy une de monsieur l'abbé Foucquet que vous pouvez luy donner.

Je suis, monsieur,

Vostre très affectionné serviteur,

De Louvois.

AU MÊME.

Saint-Germain en Laye, le 6 mars 1679.

Monsieur,

Je réspondray par cette lettre à quelques articles de la vostre du 11 du mois passé sur lesquels vous demandez des éclaircissemens, sçavoir : si vous laisserez la liberté à messieurs Foucquet et de Lauzun de veoir et de parler à madame d'Herleville quand elle ira à la citadelle, et ce que vous auriez à luy dire si elle demandoit à les veoir. Vous debvez attendre pour cela que le Roy se soit expliqué sur les visittes que leur voudront faire ceux de la ville, ce qui vous servira de règle pour la conduitte que vous aurez à tenir à cet ésgard. Quant aux complimens que vous marquez que monsieur de Villards leur a envoyé faire, et de la manière que vous en avez uzé : vous pourrez en pareille occasion porter les parolles vous mêsmes et recevoir et dire les résponses qu'ils y voudront faire.

Pour ce qui est de cet homme de Lyon qui débitte des gazettes à la main pleines d'impertinances, envoyez-m'en quelqu'une, et me faittes sçavoir son nom et sa demeure s'il se peut.

Cottez moy aussy quelles actions tendantes à sédition, le garde magasin Saint-Jean a faictes, affin que je pourvoye à le réprimer et luy faire garder une meilleure conduitte.

Lorsque le sieur de Cachat sera par deçà, je feray

valloir ses services auprès de Sa Majesté et luy feray tout le plaisir possible, à vostre considération.

Je suis tousjours à vous,

DE LOUVOIS.

AU MÊME.

Saint-Germain, ce 13 mars 1679.

MONSIEUR,

J'ay veu, par une résponse que monsieur Foucquet a faite à monsieur de Gourville, laquelle monsieur du Fresnoy m'a remise, que vous avez donné une lettre de monsieur de Gourville à monsieur Foucquet, qui vous avoit ésté adressée par le dit sieur du Fresnoy. Quoiqu'il ne soit point arrivé d'inconvénient de ce que vous avez fait, je suis bien ayse de profiter de cette occasion pour vous avertir que vous ne devez point donner d'autres lettres à monsieur Foucquet que celles que je vous adresse dans mes paquets avec une de moy, et qu'il ne faut jamais vous départir de ce que je vous mande à cet ésgard sous quelque prétexte que ce puisse estre.

Je suis, monsieur,

Vostre très affectionné serviteur,

DE LOUVOIS.

Vous remettrez, s'il vous plaist, à monsieur Foucquet, celles qui sont cy-jointes.

AU MÊME.

Saint-Germain, ce 20 mars 1679.

Monsieur,

Vostre lettre du 11 de ce mois m'a ésté rendue. Le Roy trouve bon que vous permettiez à monsieur de Lauzun de se confesser tous les mois et que vous luy laissiez entendre la messe tous les jours avec monsieur Foucquet. Au surplus, je vous recommande de continuer à me mander ce qui se passera.

Je suis, monsieur,
Vostre très affectionné serviteur,

De Louvois.

AU MÊME.

Saint-Germain, ce 26 mars 1679.

Monsieur,

J'ay reçeu vostre lettre du 21 de ce mois. Vous debvez avoir veu par mes précédentes que le Roy trouvoit bon que les officiers de la citadelle de Pignerol rendissent visitte à vos prisonniers et passassent des matinées ou des après dîsnées avec eux, quand ils le désireront, en présence de l'un de vos officiers. Je ne puis que vous répéter la mêsme chose et vous dire qu'à l'ésgard du gouverneur des officiers, et des habitans de la ville, vous en pourrez uzer de mêsme lorsque vous le jugerez à propos, après néantmoins que l'affaire pour laquelle le sieur de Richemont est à Pignerol, sera faite ou manquée.....

Je suis, monsieur,

Vostre très affectionné serviteur,

De Louvois.

AU MÊME.

Saint-Germain, ce 28 mars 1679.

Monsieur,

Il n'est pas nécessaire que vous attendiez que messieurs Foucquet et de Lauzun désirent qu'on leur oste les jalousies qui sont à leurs fenêstre, puisque Sa Majesté, ayant bien voulu leur accorder cette grace, son intention est qu'on les en fasse jouir sans différer.

Je suis, monsieur,

Vostre très affectionné serviteur,

De Louvois.

Vous rendrez, s'il vous plaist, à monsieur Foucquet, les deux lettres cy-jointes.

AU MÊME.

A Saint-Germain, ce 28 mars 1679.

Monsieur,

J'ay reçeu vostre lettre du 25 du mois passé. Le Roy ne trouvera point à redire que vous mettiez monsieur de Lauzun dans l'apartement qu'il désire, pourveu que vous respondiez également de sa seureté dans ce lieu là comme dans celuy où il est, et qu'il ne faille point faire de déspense considérable pour l'y éstablir.

Je ne sçay si le sieur de Blainvilliers vous a dit que Sa Majesté trouvoit bon que vous feissiez oster de devant les fenêstres de messieurs Foucquet et de Lauzun, les jalousies que vous y avez fait mettre pour empêscher qu'ils ne veissent les signes qu'on leur auroit pu faire de la campagne, Sa Majesté ne jugeant pas que cela soit nécessaire, puisqu'elle ne deffend plus qu'ils ayent des nouvelles de dehors et que les grilles qui sont à leurs fenêstres sont suffisantes pour empêscher qu'ils ne puissent sortir sans vostre permission.

Je vous envoye des lettres pour messieurs Foucquet et de Lauzun que je vous prie de leur remettre.

Je suis, monsieur,

Vostre très affectionné serviteur,

De Louvois.

AU MÊME.

A Saint-Germain, ce 18 avril 1679.

Monsieur,

J'ay reçeu vostre lettre du 8 de ce mois. Le temps que M. de Richemont doit demeurer au lieu où il est estant incertain, je vous conseille de le faire promener avec vos prisonniers, quand ce ne seroit que dans le donjon; vous pouvez mesme luy permettre de leur rendre des visites et de s'entretenir avec eux, ce qui l'aydera à passer un temps que je ne puis vous dire s'il sera long ou court.

Le Roy trouve bon que vous donniez de la cire d'Espagne à monsieur Foucquet autant qu'il en voudra, et pourveu que vous continuiez à m'adresser ses lettres, il n'y a point d'inconvénient de les luy laisser cacheter. A l'ésgard de monsieur de Lauzun, le Roy ne veut pas que vous changiez rien à l'ordre que Sa Majesté vous a donné.

Je suis, monsieur,
Vostre très affectionné serviteur,

De Louvois.

AU MÊME.

Saint-Germain, ce 24 avril 1679.

Monsieur,

Vostre lettre du 12 de ce mois m'a ésté rendue. Il

n'y a point d'inconvénient à ouvrir, pendant le jour, les grilles qui sont en dedans de la chambre de monsieur de Lauzun, pourveu qu'il y en ayt d'autres à la fenêstre, et que vous puissiez résponde de sa seureté. Au surplus, continuez à m'informer de ce qui se passera à l'ésgard de vos prisonniers.

Je suis, monsieur,
Vostre très affectionné serviteur,
De Louvois.

AU MÊME.

Saint-Germain, ce 10 may 1679.

Monsieur,

Le Roy ayant trouvé bon de permettre à madame Foucquet, à ses enfans et à M. Foucquet de Mézières, son frère, de se rendre à Pignerol pour y veoir et visiter avec liberté monsieur Foucquet, Sa Majesté m'a commandé de vous en donner advis et de vous dire que son intention est que vous permettiez à madame Foucquet d'aller voir monsieur Foucquet à toutes les heures qu'elle le désirera; de demeurer dans sa chambre, mêsmes d'y coucher aussy souvent qu'elle le souhaittera.

A l'ésgard de ses enfans et de son frère, dont je vous viens de parler, Sa Majesté veut bien aussy qu'ils luy tiennent compagnie et l'entretiennent sans que vos officiers y soient présens; que, dans les promenades que vous avez ordre de luy faire faire en vostre présence ou de quelqu'un de vos lieutenans, madame Foucquet et ces messieurs dont je vous ay parlé cy dessus, puissent l'accompagner, en un mot, elle luy accorde sur ce sujet, toute la liberté qui pourra s'accommoder avec la seureté de sa garde, et que vous croiriez luy pouvoir donner en réspondant à Sa Majesté qu'il ne sortira point de la citadelle de Pignerol sans son ordre. Cette lettre vous sera rendue par M. le comte de Vaux, qui est son fils aîné, lequel vous pourra faire connoître madame Foucquet, M. son frère et ses autres enfans à mesure qu'ils s'y rendront. Vous advertirez monsieur Foucquet que le Roy s'attend qu'il ne se servira pas de la liberté qu'on luy donne d'êstre avec madame sa femme, ses enfans et son frère, pour donner de ses nouvelles à qui que ce soit par d'autres voye que par la vôstre.

Sa Majesté a accordé la mêsme grace à M. de Lauzun à l'ésgard de madame de Nogent et de M. le chevalier de Lauzun, son frère; vous luy expliquerez la mêsme chose de l'intention du Roy à l'ésgard des lettres qu'il pourroit éscrire, et luy ferez entendre que s'il éscrivoit à qui que ce soit, sans que les lettres eussent passé par vos mains, Sa Majesté le priveroit de toutes les graces qu'elle luy a faites depuis quelque temps. Lorsque ceux dont je vous viens de parler cy-dessus, auxquels Sa Majesté accorde la liberté de veoir monsieur Foucquet et de Lauzun, voudront venir dîsner avec eux, Sa Majesté trouvera bon que vous leur permettiez de se faire aporter leur dîsner de la ville. S'il vous reste quelques doubtes sur les intentions de Sa Majesté, vous me les ferez sçavoir distinctement, afin que je puisse vous les lever.

Je suis, monsieur,

Vostre très affectionné serviteur,

De Louvois.

Cecy est l'intention du Roy.

Le Roy trouve bon que l'homme d'affaires de madame Foucquet, nommé Salvert, aye la mesme liberté de parler à monsieur Foucquet. Vous pouvez aussy permettre que les officiers majors de la garnison de la ville et de la citadelle et les habitants de la ville rendent visite à vos prisonniers.

Je suis, monsieur,

Vostre très affectionné serviteur,

De Louvois.

Je vous prie de remettre les deux pacquets cy-joints en main propre.

AU MÊME.

Saint-Germain, ce 28 may 1679.

Monsieur,

J'ay reçeu vostre lettre du 20 de ce mois, par laquelle j'aprends l'arrivée de M. le vicomte de Vaux, qui vous a rendu les ordres de Sa Majesté à l'ésgard de vos prisonniers. Le Roy connoîst bien qu'il n'est plus possible que vous empêschiez qu'il n'ayent des nouvelles, ni qu'ils en donnent, aussy Sa Majesté désire-t-elle seulement que vous l'empêschiez autant que vous le pourrez; et il y a bien de l'apparence, qu'après ce que vous avez marqué à ces messieurs de l'intention du Roy, ils ne voudront pas tomber dans l'inconvénient de déplaire à Sa Majesté en essayant d'avoir des nouvelles, par d'autres que par vous.

J'éscris au commissaire de donner ordre de ma part au commis du bureau de la poste de vous porter toutes les lettres qui seront adressées à vos prisonniers.

L'intention du Roy n'est point que les étrangers leur viennent rendre visitte, ni que d'autres que leurs parens les voyent que ceux nommés dans mes précédentes ; si néantmoins, quelqu'homme ou dame de qualité de Turin venoit dîsner avec vous, elle ne trouveroit point mauvais que vos prisonniers y dînassent en mêsme temps, mais elle ne voudroit pas qu'ils eussent aucune conversation particulière avec eux. La déposition du sieur de l'Estang sur le marchand de tabac, est si vague, que je ne vois pas d'apparence que l'on puisse en proffiter; néantmoins, Sa Majesté sera bien ayse que vous fassiez sur cela tout ce dont vous serez requis par messieurs l'abbé Destrades et de Richemont.

Je vous adresse un pacquet pour monsieur Foucquet que je vous prie de luy rendre.

Je suis, monsieur,

Vostre très affectionné serviteur,

De Louvois.

AU MÊME.

Saint-Germain, ce 29 may 1679.

Monsieur,

J'ay reçeu vostre lettre du 21 de ce mois, qui ne désire de résponse que pour vous dire que les ordres du Roy que M. le vicomte de Vaux vous a remis, ne portoient point qu'autre que madame Foucquet deust coucher dans l'apartement de vos prisonniers. Sa Majesté trouve bon néantmoins, qu'afin de ne leur pas donner de mortiffication, vous laissiez partir M. le chevalier de Lauzun et M. le vicomte de Vaux auparavant que de rien innover à cet ésgard; mais après cela, elle désire que vous teniez à sa ponctuelle exécution de ce qu'elle avoit réglé.

Comme je doibs partir dans six jours pour faire un voyage de trois semaines, je laisse à M. de Saint-Pouenges le soin de vous faire tenir pendant ce temps-là les lettres de ceux qui ont la liberté d'éscrire à vos prisonniers : vous pourrez leur faire remettre toutes celles qu'il envoyera et luy adresser les résponses.

Je suis, monsieur,

Vostre très affectionné serviteur,

De Louvois.

AU MÊME.

Saint-Germain, ce 18 aoust 1679.

Monsieur,

J'ay reçeu vostre lettre du 9 de ce mois. Puisque vous avez quelque chose à me faire sçavoir que vous ne pouvez pas confier à une lettre, vous pouvez envoyer icy le sieur de Blainvilliers pour m'en rendre compte.

Lorsque madame Foucquet et M. le comte de Vaux retourneront à Pignerol, Sa Majesté trouve bon que vous leur laissiez la liberté de voir monsieur Foucquet comme auparavant.

Je suis, monsieur,
Vostre très affectionné serviteur,
De Louvois.

AU MÊME.

Chaville, ce 30 septembre 1679.

Monsieur,

J'ay reçeu vostre lettre du 20 de ce mois, de laquelle je ne parleray point aux parens de monsieur de Lauzun, puisque vous le désirez; mais, si j'aprends par vos lettres qu'il continue, j'en rendrai compte au

Roy, n'éstant pas juste qu'un homme, en l'éstat qu'est monsieur de Lauzun, prenne la liberté d'insulter les gens qui n'ont d'autre tort avec luy que de bien exécuter les ordres de Sa Majesté; et, comme au milieu de ses emportemens, je ne doubte pas qu'il ne craigne extrêmement que Sa Majesté n'entende parler de luy, je vous prie, la première fois que pareille chose luy arrivera, de luy dire que vous le remettrez au premier éstat où il éstoit; que, s'il veut s'en plaindre, vous luy donnerez de l'ancre et du papier pour éscrire ce qu'il luy plaira; que vous mettrez vos raisons au bas, et envoyerez le tout à Sa Majesté.

Je suis, monsieur,

Vostre très affectionné serviteur,

De Louvois.

Je vous envoye une lettre pour monsieur Foucquet et une pour monsieur de Lauzun, que je vous prie de leur remettre.

AU MÊME.

Chaville, ce premier octobre 1679.

Monsieur,

Vostre lettre du 23 du mois passé m'a ésté rendue. J'entretiendrai encore le sieur de Blainvilliers sur la conduite de vos prisonniers; mais quelque chose qu'il me dise, je suis persuadé que vous ne pouvez rien faire de mieux à l'ésgard de monsieur de Lauzun que de suivre l'avis que je vous ay donné par ma dernière lettre, parce qu'asseurément, de l'humeur dont il est, rien ne le contiendra davantage que de luy faire veoir que le Roy pourroit être informé de ses folies.

Je suis, monsieur,

Vostre très affectionné serviteur,

De Louvois.

AU MÊME.

Paris, ce 6 octobre 1679.

Monsieur,

J'ay reçeu vostre lettre du 27 du mois passé. Vous ne debvez point souffrir que le capitaine du régiment de Sant, duquel vous avez quelque deffiance, ait aucune communication avec monsieur de Lauzun.

A l'ésgard de monsieur d'Herleville, il ne doit parler à monsieur de Lauzun qu'en vostre présence ou de quelqu'un de vos officiers qui entende et voye ce qui se passera entr'eux.

Si le supérieur des Jésuistes vous est suspect, il ne faut pas non plus souffrir qu'il luy parle ny qu'il le voye.

Mandez-moy comment vous pouvez sçavoir que monsieur de Lauzun a cinquante pistolles de moins qu'il n'avoit, et quelle somme d'argent il a entre les mains.

Le valet de monsieur de Lauzun ne doit point sortir de sa chambre, ny avoir communication avec qui que ce soit.

Ne vous inquièttez point de ce que monsieur de Lauzun a dit qu'il sçavoit ce que vous m'éscrivez, parce que cela est sans aucun fondement et n'est qu'un artifice pour veoir s'il vous réduira à ce qu'il peut désirer.

Je suis, monsieur,
Vostre très affectionné serviteur,
DE LOUVOIS.

AU MÊME.

Saint-Germain, ce 16 octobre 1679.

MONSIEUR,

J'ay reçeu vostre lettre sans datte. Les ordres du Roy, du deuxième may, que je vous ai envoyez, se rapportent à ceux du mois de février, et, en supposent tousjours l'exécution; ainsy, vous ne devez laisser parler personne à vos prisonniers qu'en vostre présence ou de vos officiers, hors la famille de monsieur Foucquet et celle de monsieur de Lauzun, auxquelles le Roy a bien voulu accorder la grace de les entretenir en particulier.

Sa Majesté ne jugeant pas à propos que des prisonniers ayent de l'argent entre leurs mains, il faut que vous demandiez à monsieur de Lauzun celuy qu'il a, et que vous luy fassiez entendre qu'à mesure qu'il voudra faire quelque déspense ou achepter quelqué chose, vous payerez ceux qui le luy auront fourny.

Je suis, monsieur,
Vostre très affectionné serviteur,
De Louvois.

Je vous prie de faire tenir à M. de Pianesse la lettre cy-jointe.

AU MÊME.

Saint-Germain, ce 23 octobre 1679.

Monsieur,

J'ay reçeu vostre lettre du 14 de ce mois, sur laquelle je n'ay qu'à vous répéter ce que je vous ay désja mandé, qui est que vous ne souffriez, quoy que ce soit à monsieur de Lauzun, et qu'au moindre emportement qu'il aura, vous luy déclariez que vous le renfermerez, et le fassiez effectivement pour autant de jours que vous jugerez à propos, vous mettant dans l'esprit que plus il vous verra de patience, et plus ses méspris et ses emportemens augmenteront ; au lieu que, s'il vous trouve ferme à vouloir l'exécution des ordres du Roy et êstre traitté avec honnêsteté, il se corrigera infailliblement, ou du moins en fera semblant, et vivra comme il doit avec vous. J'éscris à M. d'Herleville pour luy tésmoigner qu'il est à propos que luy, ni madame sa femme, ne rendent visitte à monsieur de Lauzun et à monsieur Foucquet que trois ou quatre fois l'année. A l'ésgard du père Jésuiste, qui vous est suspect, ne souffrez point qu'il entre dans le donjon, et, lorsqu'il y viendra, faites résponde que vous êstes empêsché ou indisposé, et en usez de mêsme envers tous ceux qui vous seront suspects. N'oubliez pas d'oster à monsieur de Lauzun l'argent qu'il a, ainsy que je vous l'ay mandé cy-devant : rien n'éstant si dangereux pour un homme qui garde des prisonniers, que de leur laisser de pareilles armes.

Je suis, monsieur,

Vostre très affectionné serviteur,

De Louvois.

Je vous envoye deux lettres pour M. Foucquet que je vous prie de luy rendre.

AU MÊME.

Saint-Germain, ce 30 octobre 1679.

Monsieur,

Vostre lettre, du 21 de ce mois, m'a ésté rendue.

Personne ne sçaura la voye par laquelle vous avez descouvert l'argent que monsieur de Lauzun a entre les mains. Je vous conseille de la cultiver pour essayer d'aprendre ce qu'elle pourra sçavoir de monsieur de Lauzun, et, par exemple, s'il a eu résponse du courrier qu'il a envoyé à Paris.

Il n'y a pas d'apparence que je puisse demander à monsieur Foucquet ce qu'il sçait à l'ésgard de monsieur de Lauzun. Essayez de le porter à m'éscrire, sans néantmoins luy dire que je vous ay prié de luy en parler.

Le Roy a refusé, à madame de Nogent, d'envoyer le sieur Barail à Pignerol.

Je suis, monsieur,

Vostre très affectionné serviteur,

DE LOUVOIS.

Je vous envoye une lettre pour monsieur Foucquet que je vous prie de luy remettre.

AU MÊME.

Paris, ce 6 novembre 1679.

MONSIEUR,

J'ay reçeu, avec vostre lettre du 28 du mois passé, celle que monsieur le marquis de Pianesse vous a adressée pour moy. Puisque vous croyez que monsieur de Lauzun ne vous a pas donné tout l'argent qu'il doit avoir, essayez de découvrir, par la voye par laquelle vous avez pénétré qu'il en avoit, s'il n'en a pas une plus grande quantité que celle qu'il vous a remise; et, en cas qu'il vous ayt trompé, vous le presserez de vous remettre ce qui luy en reste.

Je suis, monsieur,

Vostre très affectionné serviteur,

De Louvois.

Saint-Germain, ce 13 novembre 1679.

Monsieur,

J'ay reçeu vostre lettre du 4 de ce mois. Vous ne debvez point apréhender que l'on sçache jamais par quelle voye vous êstes informé de ce que pense monsieur de Lauzun.

N'oubliez rien pour déscouvrir s'il est vrai que monsieur et madame d'Herleville entretiennent commerce avec mademoiselle, et faites moy sçavoir tout ce que vous en aprendrez.

Vous n'avez pas eu raison de donner à monsieur de Lauzun des boutons d'argent sur son juste-au-corps. Lorsqu'au printemps vous luy donnerez des habits d'ésté, ne souffrez point que son valet dispose de son habit d'hiver, et remettez-le à son confesseur, pour en faire quelque charité.

Je suis, monsieur,

Vostre très affectionné serviteur,

De Louvois.

AU MÊME.

Saint-Germain, ce 28 novembre 1679.

Monsieur,

J'ay reçeu vostre lettre du 18 de ce mois, avec celle de monsieur le marquis de Pianesse qui y estoit jointe. Vous en trouverez cy-jointe la résponse que je vous prie de luy faire tenir.

Le Roy trouve bon que vous permettiez à monsieur de Lauzun d'avoir quatre jeunes chevaux pour s'occuper pendant quelques heures du jour, pourveu qu'ils soyent dans l'escurie que vous avez au donjon de Pignerol, et qu'il ne les monte que dans la cour ou sur le bastion où il avoit coustume de se promener.

Je suis, monsieur,
Vostre très affectionné serviteur,
De Louvois.

AU MÊME.

Saint-Germain, ce 28 novembre 1679.

Monsieur,

Vostre lettre du 19 de ce mois, m'a esté rendue avec celles qui y estoient jointes. Je vous envoye la résponse que je fais à monsieur de Lauzun que je vous prie de luy remettre. Sur les instances que monsieur

Foucquet a fait faire auprès du Roy, pour qu'il luy plust de permettre à monsieur l'évêsque d'Agde d'aller à Pignerol pour prendre avec luy quelques mesures pour le bien de ses affaires, Sa Majesté luy a accordé cette grace, et je mande présentement à monsieur d'Agde, qu'elle trouve bon qu'il aille à Pignerol et qu'il y demeure pendant quatre mois; l'intention de Sa Majesté est que lorsqu'il y sera arrivé, vous luy laissiez la liberté de veoir et d'entretenir monsieur Foucquet autant qu'il voudra pendant le temps que je vous viens de marquer.

Je suis, monsieur,
Vostre très affectionné serviteur,
De Louvois.

AU MÊME.

Saint-Germain, ce 11 décembre 1679.

Monsieur,

Vostre lettre du 2 de ce mois m'a ésté rendue. Le Roy ne veut pas que monsieur de Mézière loge dans le donjon de Pignerol. Au surplus je vous recommande de continuer à exécuter les ordres de Sa Majesté et à m'informer de ce qui se passera.

Je vous adresse une lettre pour monsieur Foucquet que je vous prie de luy rendre.

Je suis, monsieur,
Vostre très affectionné serviteur,
De Louvois.

AU MÊME.

Saint-Germain, ce 18 décembre 1679.

Monsieur,

Vostre lettre du 9 de ce mois m'a ésté rendue. Vous ferez fort bien de ne laisser voir vos prisonniers à aucun des éstrangers qui viendront à Pignerol; mais, il faut exécuter ce que je vous mande à cet ésgard, de manière que l'on ne s'aperçoive point que vous en ayez reçeu d'ordre.

Le Roy trouve bon que vous fassiez l'escallier et la cheminée que vous proposez dans l'antichambre de monsieur Foucquet pour pouvoir loger mademoiselle sa fille au dessus de son appartement, pourveu qu'il n'en puisse arriver d'inconvénient et que vous réspondiez tousjours à Sa Majesté de la seureté de la personne de mon dit sieur Foucquet.

J'ay leu au Roy la lettre de monsieur de Lauzun par laquelle il demande d'avoir un domestique pour prendre soin des chevaux qu'il avoit tésmoigné désirer, ce que Sa Majesté luy a refusé, de sorte, que, s'il en veut avoir, il faut qu'ils soient penséz par vos pallefreniers et que ce soit quelqu'un de vos officiers qui les aille chercher.

Je vous adresse une lettre pour monsieur Foucquet, que je vous prie de luy remettre et de faire tenir celle qui est cy-jointe, à monsieur le marquis de Pianesse.

Je suis, monsieur,
Vostre très affectionné serviteur,
De Louvois.

INÉDITE. 311

AU MÊME.

Saint-Germain, ce 25 décembre 1679.

Monsieur,

J'ay apris avec plaisir, par vostre lettre du 16 de ce mois, le meilleur éstat de la santé de monsieur de Lauzun; j'espère que, l'ordinaire prochain, j'aprendray son entière guérison. Cependant, quoyque rien ne soit plus indifférent, que le sieur le Nostre ayt veu vos prisonniers ou ne les ayt pas veus, je crois devoir répéter ce que je vous ay désja mandé, que les ordres du Roy ne vous permettent point de pareilles libertéz, et restraignent les visittes, qui leur peuvent êstre rendües, aux officiers et habitans de la ville et de la citadelle, c'est à quoy vous vous conformerez, s'il vous plaist, dorésnavant.

Je suis, monsieur,
Vostre très affectionné serviteur,
De Louvois.

AU MÊME.

Saint-Germain, ce 9 janvier 1680.

Monsieur,

J'ay reçeu vostre lettre du 30 du mois passé. Le

Roy ne veut point que vous ayez aucun éstranger dans vostre compagnie; ainsy, l'homme que vous a envoyé M. le marquis de Pianesse n'y sçauroit demeurer. Si vous voulez envoyer icy le neveu que vous avez dessein d'employer dans les fortifications, j'essayeray de le placer.

Vous pouvez donner à monsieur de Lauzun la satisfaction qu'il désire, en luy donnant un cachet pour fermer les lettres qu'il m'adressera, et vous luy direz que je vous l'ay envoyé; mais, il faudra que vous en gardiez un pareil pour pouvoir lire ce qu'il m'éscrira, et me mander s'il y a quelque chose de faux, observant de le faire, sans qu'il s'en aperçoive.

Je vous adresse une lettre pour monsieur le marquis de Pianesse, que je vous prie de luy faire tenir.

Je suis, monsieur,

Vostre très affectionné serviteur,

De Louvois.

AU MÊME.

Saint-Germain, ce 15 janvier 1680.

Monsieur,

Le Roi s'éstant fait rendre compte de la manière dont l'on fait la garde de la ville et citadelle de Pignerol, Sa Majesté a veu, par le mémoire qui luy en a ésté envoyé, que depuis quelque temps, l'on ouvre à toutes heures de la nuit les portes qui vont de la ville à la citadelle, pour le service des prisonniers, et que mêsme, l'on les ouvre plus matin, et qu'elles sont fermées plus tard qu'il ne convient; sur quoy, Sa Majesté m'a commandé d'éscrire à monsieur d'Herleville, qu'elle veut qu'il remette les choses dans l'ordre qu'elles doivent êstre à cet ésgard, en deffendant que les portes soient ouvertes la nuit, ni le matin avant soleil levé, et fermées plus tard qu'il n'est porté par le réglement de Sa Majesté; de quoy je vous donne avis, afin, qu'éstant informé de ses intentions, vous ne requériez point mon dit sieur d'Herleville, ni monsieur de Rissan, d'y contrevenir sans une nécessité absolue.

Je suis, monsieur,

Vostre très affectionné serviteur,

De Louvois.

Je vous envoye une lettre pour monsieur le marquis de Pianesse, que je vous prie de luy faire rendre.

AU MÊME.

Saint-Germain ce 24 janvier 1680.

Monsieur,

Vostre lettre du 10 de ce mois m'a ésté rendue. Comme il se peut faire que la mésintelligence qui est entre monsieur Foucquet et monsieur de Lauzun, ne sera pas inutile pour vous faire descouvrir ce que celuy-cy pourroit projetter pour se sauver ou donner de ses nouvelles; je ne vois pas qu'il y ait rien qui vous oblige à les racommoder, d'autant plus que vous n'avez en rien contribué pour cette désunion; ainsy, il ne peut estre qu'à propos de la laisser durer; cependant je vous conseille d'en profiter pour estre informé de ce que monsieur Foucquet et monsieur de Lauzun pourront découvrir des intentions l'un de l'autre.

Je suis, monsieur,

Vostre très affectionné serviteur,

DE LOUVOIS.

AU MÊME.

Saint-Germain, ce 7 février 1680.

MONSIEUR,

Vostre lettre du 27 du mois passé m'a esté rendue. Vous verrez, par la copie cy-jointe, de celle que j'escris à monsieur de Lauzun, que le Roy a permis au sieur Barail d'aller le trouver à Pignerol, le temps qu'il y doit demeurer, et la manière dont il doit l'entretenir; ainsy, il est inutile que je vous explique autrement l'intention du Roy sur ce sujet. Je vous diray seulement, que le dict sieur Barail sera porteur d'un billet de moy, qui vous le fera connoistre, et que Sa Majesté ne veut pas qu'il couche dans le donjon, n'y que vous souffriez qu'il demeure plus de huict jours à Pignerol.

Je suis, monsieur,

Vostre très affectionné serviteur,

DE LOUVOIS.

A M. DE LAUZUN.

Saint-Germain, ce 7 février 1680.

MONSIEUR,

J'ay leu au Roy la lettre que vous avez pris la peine de m'éscrire le 27 du mois passé, sur laquelle Sa Majesté a trouvé bon de permettre au sieur Barail de se rendre à Pignerol pour y demeurer pendant huict jours, et pendant ce temps là, vous entretenir, autant que vous le désirerez en présence de monsieur de Saint-Mars, et de manière que mon dict sieur de Saint-Mars puisse entendre tout ce que vous luy direz, et ce qu'il vous réspondra.

Je suis, monsieur,

Vostre très affectionné serviteur,

DE LOUVOIS.

A SAINT-MARS.

Soissons, ce 12 mars 1680.

Monsieur,

J'ay reçeu vostre lettre du 24 du mois passé avec le mémoire qui y éstoit joint, éscrit de votre main, du contenu duquel je vous prie de ne point dire à monsieur de Lauzun, que vous m'ayez fait part.

L'intention du Roy n'est point que vous payez à monsieur Foucquet les gages de celuy de ses valets qui est mort.

Je suis, monsieur,
Vostre très affectionné serviteur,

De Louvois.

AU MÊME.

Saint-Germain, ce 26 mars 1680.

Monsieur,

J'ay reçeu vos lettres des 12, 16 et 17 de ce mois, qui ne désirent de réponse que pour vous dire, que Sa Majesté trouve bon, qu'après avoir expliqué à monsieur de Lauzun, qu'elle ne désire pas qu'il éscrive à qui que ce soit, que ses lettres ne passent par mes mains, ni qu'il reçoive d'autres lettres que celle je vous adresseray pour luy rendre : elle trouve bon, dis-je, que vous luy donniez la mêsme liberté prescrite par les ordres du Roy, que je vous ay adresséz, et dont il a jouy avant le soubçon que Sa Majesté a eu qu'il avoit envoyé un courrier par deçà. Vous aurez soin, s'il vous plaist, en lui donnant toute la satisfaction qu'il pourra raisonablement désirer la dessus, de vous contenir, et luy aussy, dans les bornes prescrites par les dicts ordres de Sa Majesté.

Je suis, monsieur,

Vostre très affectionné serviteur,

DE LOUVOIS.

Je vous adresse une lettre pour monsieur de Lauzun que je vous prie de luy remettre.

AU MÊME.

Saint-Germain en Laye, le 8 avril 1680.

MONSIEUR,

Le Roy a apris, par la lettre que vous m'avez éscrite le 23 du mois passé, la mort de monsieur Foucquet, et le jugement que vous faictes que monsieur de Lauzun sçait la pluspart des choses importantes dont monsieur Foucquet avoit cognoissance, et que le nommé la Rivière ne les ignore pas : surquoy Sa Majesté ma commandé de vous faire sçavoir, qu'après que vous aurez faict reboucher le trou par lequel messieurs Foucquet et de Lauzun ont communiqué à vostre insçeu, et cela rétably si solidement, qu'on ne puisse travailler en cet endroit, et que vous aurez aussi faict deffaire le degré qui communique de la chambre de feu monsieur Foucquet à celle que vous aveiz faict accommoder pour mademoiselle sa fille; l'intention de Sa Majesté est que vous logiez monsieur de Lauzun dans la chambre de feu monsieur Foucquet, et fassiez de si fréquentes visittes dans la dite chambre, mêsme en faisant remuer tous les meubles, que mon dit sieur de Lauzun ne puisse point faire travailler en aucun endroit de son logement, que vous ne vous en apperceviez.

Que vous persuadiez à monsieur de Lauzun, que les nommés Eustache d'Angers, et le dit la Rivière, ont été mis en liberté, et que vous en parliez de mêsme à tous ceux qui pourroyent vous en demander des nouvelles; que cependant vous les renfermiez tous deux dans une chambre, ou vous puissiez réspondre à Sa Majesté qu'ils n'auront communication avec qui que ce soit, de vive voix, n'y par éscrit, et que monsieur de Lauzun ne pourra point s'appercevoir qu'ils y sont renferméz.

Vous avez eu tort de souffrir que monsieur de Vaux ayt emporté les papiers et les vers de monsieur son père, et vous debviez faire enfermer cela dans son appartement, pour en êstre uzé ainsy que Sa Majesté en ordonneroit.

Vous pouvez disposer des meubles appartenant à

Sa Majesté qui ont servi à mousieur Foucquet, comme vous l'estimerez à propos. Lorsque Sa Majesté envoya monsieur de Lauzun à Pignerol, elle fist un fonds nouveau pour son entretiennement. Vous trouverez cy-joinct de celuy qui sera faict à l'advenir, tant pour sa subsistance, que pour l'entretiennement de vostre compagnie.

A l'ésgard des autres prisonniers dont vous êstes chargé, Sa Majesté vous en fera payer la subsistance à raison de quatre livres pour chacun par jour; et, en m'en envoyant un éstat tous les trois mois, je prendray les ordres de Sa Majesté pour pourvoir à vostre remboursement sur ce pied là.

Le Roy a permis à monsieur le chevalier de Lauzun d'aller demeurer quelque temps auprès de monsieur son frère, et Sa Majesté ne veult point que vous le laissiez entrer armé dans le donjon, ny que vous souffriez qu'il y mange; et, pour vous expliquer plus particulièrement la conduite que vous debvez tenir à cet ésgard, je vous diray que vous pouvez permettre qu'il entre dans l'appartement de monsieur son frère les matins à huict heures, à condition d'en sortir à onze avant midy; l'y laisser rentrer à deux heures après midy, à condition aussy d'en sortir à six heures du soir en hiver, et à sept en ésté; que, tant qu'ils voudront demeurer seuls ensemble dans son appartement, vous pouvez les y laisser, mais que, s'il désire se promener dans les lieux qui lui sont permis par les précédents ordres de Sa Majesté, vous ne debvez pas souffrir qu'il sorte sans que vous y soyez, ou deux de vos lieutenans, vous faisant, et eux aussy, accompagner si bien qu'il ne puisse rien entreprendre pour se sauver. Et, comme monsieur le chevalier de Lauzun pourroit porter à son frère soit des armes, soit des instrumens propres à luy donner lieu de se sauver, ou d'avoir des communications que vous ne cognoistriez point, il sera de vos soins et de vostre vigilance, de faire, pendant les promenades que fera monsieur de Lauzun, et mêsmes pendant la nuict, de temps en temps, de telles visittes, qu'il ne puisse rien cacher dans sa chambre dont vous n'ayez cognoissance, ny rien entreprendre sur les murailles, grilles ou portes de ses appartements, que vous ne vous en apperceviez. Au reste, vous debvez êstre persuadé que Sa Majesté vous donnera des marques de la satisfaction qu'elle a de vos services, dans les occasions qui se pourront présenter, de quoy je prendray soin de le faire souvenir avec beaucoup de plaisir.

J'adjouste ce mot pour vous dire, que vous ne debvez entrer en aucun discours ny confidence, avec monsieur de Lauzun, sur ce qu'il peult avoir appris de monsieur Foucquet; et, plus vous le trouverez souple et complaisant pour vous, plus vous debvez renouveler vos soins pour sa garde, parce que homme au monde, n'est plus capable de dissimulation que luy.

Je suis, monsieur,
Vostre très affectionné serviteur,
De Louvois.

AU MÊME.

Saint-Germain, ce 9° avril 1680.

MONSIEUR,

Le Roy me commande de vous faire sçavoir que Sa Majesté trouve bon que vous fassiez remettre aux gens de madame Foucquet, le corps de feu monsieur son mary, pour le faire transporter ou bon luy semblera.

Je suis, monsieur,
Vostre très affectionné serviteur,

DE LOUVOIS.

AU MÊME.

Saint-Germain, ce 29 avril 1680.

MONSIEUR,

J'ay reçeu vostre lettre du 20 de ce mois. L'intention du Roy est, que vous logiez tousjours monsieur de Lauzun dans la chambre de feu monsieur Foucquet, et Sa Majesté seroit fort surprise, si, après le préjudice qu'il a tésmoigné qu'il reçevoit de l'humidité du sien, il ne regardoit point ce changement comme une grace.

Sa Majesté ne veut entretenir vostre compagnie

que sur le pied du dernier éstat que je vous ay envoyé, éstant persuadée que, comme un moindre nombre a suffy pour garder longtemps monsieur Foucquet, quand il éstoit tout seul, vous aurez dorésnavant assez de monde pour monsieur de Lauzun.

Je suis, monsieur,

Vostre très affectionné serviteur,

De Louvois.

AU MÊME.

Saint-Germain, ce 4 may 1680.

Monsieur,

J'ay reçeu vostre lettre du 24 du mois passé. Je ne veois point d'aparence de donner, à monsieur de Lauzun, les chambres qu'avoit mademoiselle Foucquet, par le peu de seureté qu'il y auroit : et, il faut qu'il se résolve à habiter l'apartement de feu monsieur Foucquet, sauf à luy, à coucher dans la chambre ou l'antichambre, selon qu'il croira êstre mieux.

Je suis, monsieur,

Vostre très affectionné serviteur,

De Louvois.

INÉDITE.

AU MÊME.

Fontainebleau, le 16 may 1680.

MONSIEUR,

En l'absence de monsieur de Louvois, j'ay ouvert la lettre que vous luy avez éscritte le 4 de ce mois, dont j'ay rendu compte au Roy. Sa Majesté m'a commandé de vous faire sçavoir que, comme mon dit seigneur, ne doibt point aller du côsté où vous êtes, elle désire que vous luy adressiez les papiers que vous avez trouvé dans les poches des habits de monsieur Foucquet, aussy bien que ceux que vous demande monsieur de Vaux, si vous les avez.

Je suis, monsieur,

Vostre très humble et très obéissant serviteur,

DE SAINT-POUENGES.

AU MÊME.

Perpignan, ce 18 may 1680.

MONSIEUR,

Vostre lettre, du 8 de ce mois, m'a ésté rendue. L'on ne peut qu'approuver la proposition que vous faistes de changer le valet de monsieur de Lauzun, puisque vous ne jugez pas à propos de luy laisser celuy qu'il a.

Je suis, monsieur,

Vostre très affectionné serviteur,

DE LOUVOIS.

AU MÊME.

Fontainebleau, le 26 may 1680.

MONSIEUR,

J'ay leu au Roy la lettre que vous avez escritte à monsieur de Louvois le 17 de ce mois, avec celle qui y éstoit joincte, de monsieur de Lauzun. Sa Majesté trouve bon que vous reteniez quelquefois à dîner monsieur le chevalier de Lauzun. Je vous prie de luy dire que je suis bien fâsché qu'il soit malade, et qu'il me fera plaisir de me mander des nouvelles de sa santé, y prenant beaucoup d'intérêts. Comme monsieur de Louvois doibt estre de retour icy dans le premier cinquième du mois prochain, il est bien à propos que vous continuiez à luy rendre compte des choses dont vous estes chargé.

Je suis, très véritablement, monsieur,

Vostre très humble et très obéissant serviteur,

DE SAINT-POUENGES.

INÉDITE.

AU MÊME.

Barège, ce 29 may 1680.

Monsieur,

Pendant mon absence, monsieur de Saint-Pouenges a eu l'honneur de lire au Roy vostre lettre du 4 de ce mois. Quoyque je ne doubte pas que, suivant ce qu'il vous a mandé de la part de Sa Majesté, vous ne m'envoyez les papiers dont vous me parlez, je ne laisse pas de vous répéter la mesme chose, afin que vous y satisfassiez incessament.

Je suis, monsieur,

Vostre très affectionné serviteur,

De Louvois.

AU MÊME.

Barège, ce 4 juin 1680.

Monsieur,

Vostre lettre du 25 du mois passé, m'a ésté rendue. Je vous conjure d'avoir un peu moins de confiance dans les gens qui ont la permission du Roy de veoir monsieur de Lauzun, parce que le vray moyen de n'êstre pas trompé, c'est d'en user à leur ésgard, de la manière qui vous a ésté prescrite par Sa Majesté.

Je suis, monsieur,

Vostre très affectionné serviteur,

De Louvois.

AU MÊME.

Fontainebleau, ce 22 juin 1680.

Monsieur,

Vos lettres, des 22 du mois passé et 8 du courant, m'ont ésté rendues. Vous pouvez mettre en liberté le valet qui a ésté à monsieur de Lauzun, luy faisant apréhender que, s'il aprochoit de dix lieues de Pignerol, il pourroit êstre envoyé aux galères.

Sa Majesté pourvoyera incessament au remboursement du mémoire que vous m'avez envoyé.

A l'ésgard de la feuille volante, qui accompagnoit vostre lettre du 8, vous avez eu tort de ne me pas mander ce qu'elle contient, dès le premier jour que vous en avez ésté informé. Au surplus, je vous prie de m'envoyer, dans un pacquet, ce que vous avez trouvé dans les poches de monsieur Foucquet, afin que je le puisse présenter à Sa Majesté.

Je suis, monsieur,

Vostre très affectionné serviteur,

De Louvois.

AU MÊME.

Montreuil, ce 18 juillet 1680.

Monsieur,

Ce mot, n'est que pour vous donner advis que le Roy a permis à madame la comtesse de Nogent d'aller à Pignerol pour veoir monsieur son frère, et que vous debvez garder avec elle les mêsmes mesures que vous avez fait avec monsieur le chevalier de Lauzun. Vous aurez soin de me mander, pendant son séjour au dit Pignerol, ce qui pourra se passer entr'eux, qui méritera que Sa Majesté en soit informée.

Je suis, monsieur,

Vostre très affectionné serviteur,

DE LOUVOIS.

AU MÊME.

Versailles, ce 2 octobre 1680.

Monsieur,

J'ay leu, au Roy, vostre lettre du 27 du mois passé. Vous ne devez point vous mettre en peine de ce que monsieur de Lauzun vous a dit à l'ésgard de vos officiers, ni eux en avoir aucune inquiétude. Sa Majesté sera bien ayse que vous me mandiez quel a ésté le sujet de l'emportement qu'il a eu contre les sieurs de Blinvilliers et de Villebois; et, si pareille chose luy arrivoit plus, il sera bon que vous luy disiez honnêstement, que ces gens là, n'éstant pas à Pignerol pour souffrir ses mauvais traittemens, vous serez obligé de l'enfermer dans sa chambre, parce qu'ils ne voudront plus aller avec luy à la promenade, ni vous, le confier à d'autres qu'eux.

Je suis, monsieur,

Vostre très affectionné serviteur,

DE LOUVOIS.

A COLBERT.

Paris, ce mercredy au soir, 4 décembre 1680.

MONSEIGNEUR,

Me pardonnerez-vous la liberté que je prens, de vous dire que je trouve icy monsieur de Paillerolles dans un quatrièsme accèz de fièvre double tierce assez violente, avec la têste engagée et une sueur presque continuelle. Je ne sais si demain, qui doit êstre son jour libre, on pourra lui persuader d'appeller le médecin anglois (1), à quoy je ne hésiterois pas un moment si j'éstois en sa

---

(1) Ce médecin anglais est peut-être celui qui a propagé, en France, l'usage du quinquina.

place. Mais je tiens, Monseigneur, qu'un petit mot de vostre part au malade, et au médecin mêsme, qu'on ne peut pas avoir toutes les fois que l'on veut sans quelque recommandation un peu forte, vous conserveroit peut-estre un serviteur fort zélé, et qui tésmoigne désjà une très grande reconnoissance de toutes vos bontés. Je crains beaucoup pour luy; s'il demeure entre les mains des médecins ordinaires, à qui l'on aura quelque peine à l'oster, à moins qu'il ne soit en estat de prendre luy mêsme cette résolution, parce qu'il n'a icy aucune famille, qu'il est entre les mains de valetz, et que je n'ai ni le temps ni l'authorité qu'il faudroit pour y pourveoir. C'est ce qui m'a donné la pensée, Monseigneur, de recourir à vous; quand j'aurois péché en cela par un excès de confiance, je suis persuadé que vous aurez la bonté de m'excuser, sçachant d'ailleurs avec quel véritable et profond respect,

Je suis, Monseigneur,

Votre très humble et très obéissant serviteur,

PELLISSON FONTANIER.

Le malade loge à la rue Mazarin, à l'hôstel d'Orléans.

A SAINT-MARS.

Saint-Germain, ce 23 décembre 1680.

MONSIEUR,

J'ay reçeu vostre lettre du 11 de ce mois, avec celle

qui y éstoit jointe de monsieur de Lauzun, lesquelles j'ay eu l'honneur de lire au Roy. Sa Majesté ne m'a rien respondu sur ce qu'elles contiennent, si ce n'est, qu'elle trouve bon que vous permettiez que le Père des Escures, supérieur de la maison des jésuites de Pignerol, voye monsieur de Lauzun en toute liberté, toutes fois et quantes qu'il le désirera, pendant les temps que, suivant les réglements du Roy, les portes d'une citadelle peuvent demeurer ouvertes, c'est-à-dire, que le dit Père des Escures, pourra entrer seul dans la chambre de mon dit sieur de Lauzun, et y demeurer aussy longtemps qu'il le souhaittera Vous informerez, s'il vous plaist, monsieur de Lauzun de ce que dessus, et ce père Jésuite, auquel vous expliquerez, auparavant que de le laisser parler à monsieur de Lauzun, que le Roy s'attend qu'il ne se mêslera que de sa consolation spirituelle et de luy tenir compagnie, parce que, si Sa Majesté aprenoit qu'il se chargeâst de lettres de luy, ou de luy en rendre, elle l'en feroit punir très sévèrement. Il sera de vos soins d'empêscher que ce père ne puisse rien porter à monsieur de Lauzun qui puisse luy ayder à se sauver.

Les commanderies de Saint-Lazare ne se donnant qu'à des gens estropiéz, je croys que les sieurs de Saint-Martin et de Blinvilliers sont assez heureux pour n'êstre pas en éstat d'en avoir.

Je suis, monsieur,

Vostre très affectionné serviteur,

De Louvois.

AU MÊME.

Saint-Germain, ce 28 février 1681.

MONSIEUR,

Le roy ayant trouvé bon de permettre au sieur Barail d'aller veoir monsieur de Lauzun et de luy mener un chirurgien, Sa Majesté m'a commandé de vous en donner advis, afin que vous ne fassiez point de difficulté de laisser converser mon dit sieur de Lauzun avec le dit sieur Barail têste-à-têste, toutes fois et quantes qu'il le désirera; et, à l'ésgard du chirurgien qu'il mène avec luy, que vous l'éstablissiez auprèz de mon dit sieur de Lauzun, pour s'enfermer avec luy, et le servir comme fait présentement le valet que vous luy avez donné, lequel vous luy laisserez, nonobstant l'arrivée du dit chirurgien.

Cecy est l'intention du Roy.

Je suis, monsieur,

Vostre très affectionné serviteur,

DE LOUVOIS.

AU MÊME.

Saint-Germain, ce 1er mars 1681.

MONSIEUR,

Quoy que je sçache bien que vous connoissez le

sieur Barail, j'ay jugé à propos de l'accompagner de ce mot pour vous dire que le Roy trouve bon que vous exécutiez à son ésgard, sans difficulté, ce que je vous ay mandé des intentions de Sa Majesté, par ma lettre du dernier du mois passé.

Je suis, monsieur,

Vostre très affectionné serviteur,

De Louvois.

Depuis mon autre lettre partie, j'ay parlé au sieur Barail qui m'a dit qu'il ne mèneroit point de chirurgien à monsieur de Lauzun pour demeurer avec luy, mais seulement pour consulter sur sa santé. Ainsy, vous laisserez entrer le dit chirurgien chez monsieur de Lauzun, lorsque monsieur Barail le souhaitera, et le dit chirurgien partira de Pignerol avec le dit sieur Barail.

Je suis, monsieur,

Vostre très affectionné serviteur,

De Louvois.

Monsieur de Saint-Mars, je vous faictz cette lettre pour vous dire que mon intention est, qu'aussytôst que vous l'aurez reçue, vous remettiez au pouvoir du sieur de Maupertuis, soubz-lieutenant de ma première compagnie des mousquetaires à cheval, qui vous la rendra de ma part, le comte de Lauzun, sur le reçeu, signé de luy, qu'il vous en donnera, moyennant lequel vous en demeurerez bien et vallablement déschargé (1), et, la présente n'éstant pour autre fin, je ne vous la feray plus longue, que pour vous tésmoigner la satisfaction que j'ay de la manière dont vous vous êstes acquitté des ordres que je vous ay donnéz pour sa garde, et celle des autres prisonniers que j'ay confiéz à vos soins, dont je vous donneray des marques dans toutes les occasions qui s'en offriront. Sur ce, je prie Dieu qu'il vous ayt, monsieur de Saint-Mars, en sa Sainte-Garde.

Éscrit à Saint-Germain en Laye, le 12 avril 1681.

Louis

Le Tellier.

AU MÊME.

Saint-Germain, ce 12 avril 1681.

Monsieur,

Vous verrez, par la copie de la lettre du Roy cy-jointe, ce que Sa Majesté a résolu à l'ésgard de monsieur de Lauzun, lequel ne devant plus retourner à Pignerol; Sa Majesté m'a paru disposée à vous donner le commandement de la citadelle du dit Pignerol; à vous y conserver une compagnie franche sur le pied des autres compagnies qui sont entretenues en garnison, et à vous conserver deux de vos lieutenans pour veiller,

---

(1) Voyez le reçu de monsieur de Maupertuis, pag. 55.

sous vos ordres, à la garde des prisonniers qui y restent ; mais, elle n'a rien voulu décider sur cela, sans sçavoir si, comme j'ay lieu de le croire par vos dernières lettres, vous serez bien ayse d'avoir cet employ dont elle ne laissera pas de continuer les appointemens au sieur de Rissan, pendant le reste de sa vie; c'est sur quoy j'attendray de vos nouvelles, par le retour de ce courrier.

Monsieur de Maupertuis partira demain ou aprèz demain en poste, pour vous porter l'original de la lettre du Roy, et se charger de monsieur de Lauzun.

Je suis, monsieur,

Vostre très affectionné serviteur,

DE LOUVOIS.

Je vous prie de rendre la lettre cy-jointe à monsieur de Lauzun.

Je ne terminerai pas ce volume, sans avertir le lecteur que, s'il doutait de l'authenticité de ces lettres, dont je possédais depuis fort long-temps des copies, il peut en voir les originaux aux Archives du Royaume, Section Historique, K. 129, si ce n'est pourtant celles de Pellisson qui font partie d'une collection particulière d'autographes.

FIN DU TOME PREMIER.

TABLE DES MATIÈRES
CONTENUES DANS CE VOLUME.

A.

PAGES.

ARTAGNAN (d'). — Sous-lieutenant des mousquetaires. Il arrête Foucquet, le conduit au château d'Angers, de là au château d'Amboise, puis au donjon de Vincennes, d'où il le transfère à la Bastille............ 13-14
Il le mène à Pignerol, et le remet entre les mains du capitaine Saint-Mars.......... 29
AVERTISSEMENT........................ 1

B.

BÉZEMAUX. — Gouverneur de la Bastille. Sa conduite envers Pellisson................ 57
BOILEAU. — Nommé historiographe du roi.... 66
BOSSUET. — Lettre à mademoiselle du Pré sur la mort de Pellisson.................... 69
BULLION (le surintendant de). — Trait de sa générosité............................ 12

C.

COLBERT. — Il travaille à remplacer Foucquet.. 12

	PAGES.
Succède au surintendant dans la seule qualité de contrôleur-général des finances....	28
Plusieurs lettres de ce ministre. (Voyez la correspondance inédite.)	
Conrart.—Premier secrétaire perpétuel qu'ait eu l'Académie-française................	8

D.

Duplessis-Belièvre (madame). — Employée, par Foucquet, pour séduire mademoiselle de La Vallière........................	15

F.

Foucquet (le suritendant).—Il fait de Pellisson son premier commis, et obtient pour lui des lettres de conseiller d'état.............	10-11
Fête donnée au Roi, à la maison de Vaux. Dépenses du surintendant pour ses maisons. Son arrestation à Nantes.... Son procès....	13-14
Preuve de ses tentatives sur mademoiselle de La Vallière........................	15
Amis de Foucquet....................	18
La peine de banissement est commuée en celle de réclusion perpétuelle...........	23
Son arrivée à Pignerol................	29
La foudre détruit la citadelle. Le prisonnier est transféré au fort de *Pérouze*..........	31
Moyens qu'il imagine pour charmer les ennuis de sa captivité. Reconduit à Pignerol..	32-33

TABLE DES MATIÈRES.

PAGES.

Il reçoit des nouvelles de sa famille, et on lui permet d'écrire à sa femme............ 40
Étonnement de se voir avec Lauzun.. 46
Permission donnée à la famille d'entrer à Pignerol..............................
Mort de Foucquet. Lieu où ses dépouilles furent déposées, etc................... 53
FOUCQUET (l'abbé). — Il abandonne son frère, etc. 19-20

H.

HENAULT (le président). — Sonnet contre Colbert............................. 23

L.

LAUZUN (le duc de)................... 36
  Conduit à la Bastille, d'où on le transfère à Pignerol. Instruction pour sa garde....... 37-38
  Ordre de se démettre de sa charge de *capitaine des gardes-du-corps*............... 41
  Intelligence entre lui et Foucquet........ 46
  Permission donnée à la famille de Lauzun de voir le prisonnier..................... 51
  Liberté rendue à Lauzun............... 55
LE TELLIER. — Différents ordres à Saint-Mars.. 100 et suiv.
LOUIS XIV. — Différentes lettres ou ordres à Saint-Mars.................... de 94 à 133
LOUVOIS (le ministre). — Sa conduite envers Lauzun......................... de 37 à 55
  Plus de 200 lettres de ce ministre à Saint-Mars, à Foucquet et au duc de Lauzun..de 83 à 334

M.

	Pages.
Maupertuis. — Sous-lieutenant des mousquetaires à cheval....................	55
Montespan (madame de). — Inimitié contre le duc de Lauzun.....................	36
Elle dessert Pellisson.................	65
Montpensier (mademoiselle de). — Son mariage avec le duc de Lauzun................	36
Outrages qu'elle reçoit du duc de Lauzun..	55-56
Morus. — Marque d'estime donnée à Pellisson..	3

P.

Pellisson-Fontanier. — Origine de cette famille. Naissance de *Paul*. Ses études; son premier ouvrage; son voyage à Paris. Il fait la connaissance de mademoiselle de Scudéry. Vers sur la laideur de Pellisson.......... de	3 à 7
Sa présentation à un peintre...........	8
Lecture d'un de ses ouvrges à l'Académie..	9
Foucquet l'attire à lui.	10-11
Prologue des *Facheux* de Molière. Arrestation de Pellisson.....................	17
Trait de présence d'esprit lorsqu'on le confronte avec le surintendant.............	20
1re lettre à Colbert...................	73
2e lettre à Colbert....................	75
3e lettre à Colbert....................	113
4e lettre à Colbert....................	125
5e lettre à Colbert....................	141
6e lettre à Colbert....................	150
Mémoire pour le Roi...................	151

TABLE DES MATIÈRES.

PAGES.

7ᵉ lettre au même....................	234
8ᵉ lettre de Pellisson à Colbert..........	235
9ᵉ lettre de Pellisson à Colbert..........	236
10ᵉ lettre au même....................	258
11ᵉ lettre au même....................	328
Sévérité qu'on exerce contre Pellisson....	56
Histoire de l'araignée.................	57
Liberté rendue au prisonnier...........	60
Lettre à Louis XIV...................	62
Trait de Louis XIV à son égard.........	61
Il obtient la faveur de suivre le Roi dans sa première expédition en Franche-Comté, etc.	65
Mort de Pellisson, etc................	67
PELLISSON (la mère de). — 1ʳᵉ lettre de cette dame à Colbert......................	76
2ᵉ au même........................	77
3ᵉ id..............................	78
4ᵉ id..............................	81
5ᵉ id..............................	82
6ᵉ id..............................	107
7ᵉ id..............................	128
PIÈCES JUSTIFICATIVES.................	71

R.

RACINE. — Le privilége d'historiographe du roi lui est donné......................	66

S.

SAINT-POUENGES (de). — Lettres à Saint-Mars.	323-324
SAINT-MARS. — Lettre au ministre Louvois....	169

Scudéry (mademoiselle de). — Vers sur son portrait.............................	7
Sa conduite à l'égard de Pellisson........	59
Lettre à Colbert.....................	79
Seignelay. — Lettre au duc de Lauzun.......	201

T.

Talon (l'avocat général). — Sa conclusion dans le procès intenté au surintendant........	22

V.

Vallière (mademoiselle de la)........... de	15 à 17

FIN DE LA TABLE DU TOME PREMIER.

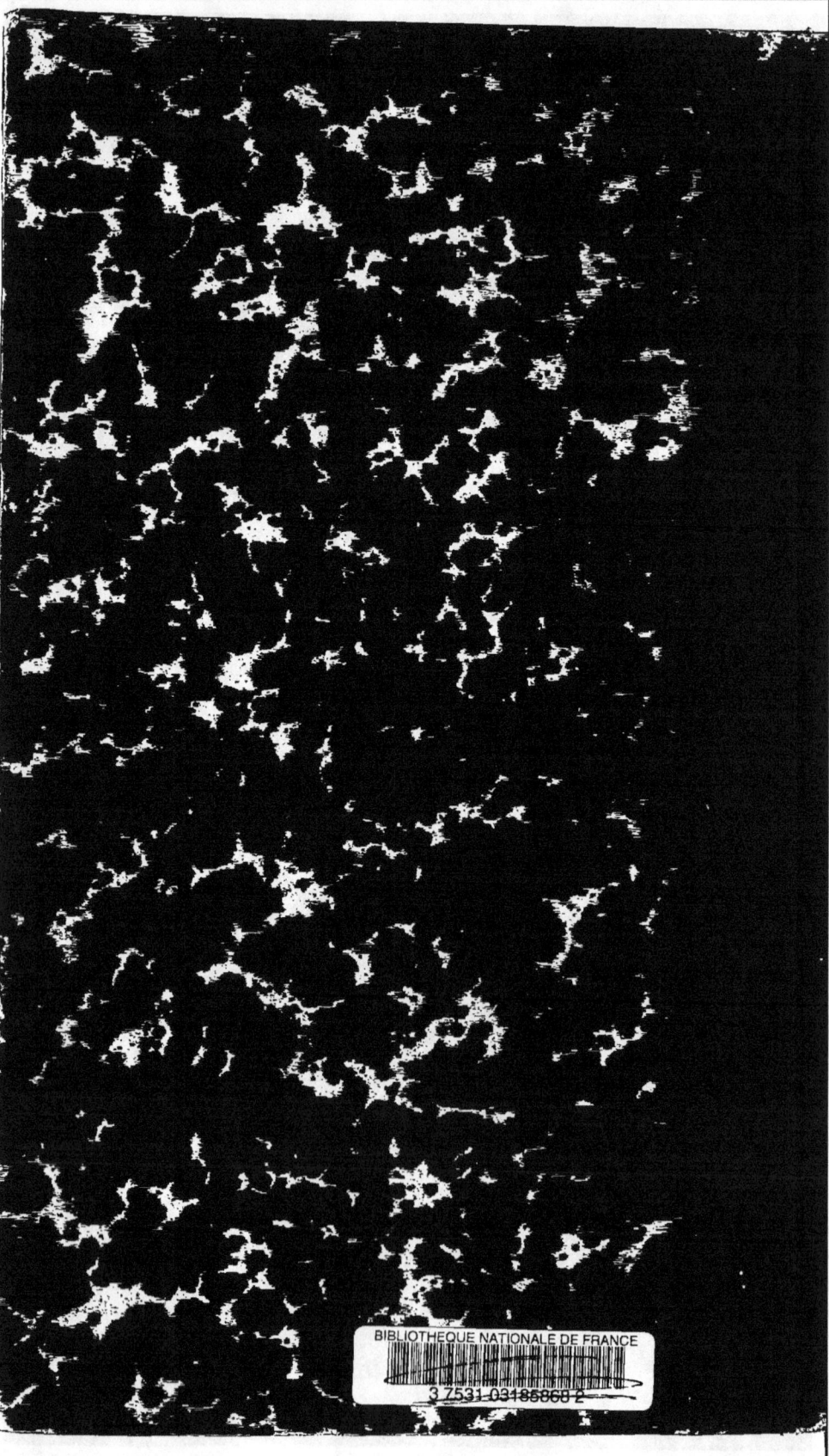

www.ingramcontent.com/pod-product-compliance
Lightning Source LLC
Chambersburg PA
CBHW050754170426
43202CB00013B/2419